FACULTÉ DE

DE LA

GESTION D'AFFAIRES

EN

DROIT ROMAIN ET EN DROIT FRANÇAIS

THÈSE POUR LE DOCTORAT

SOUTENUE PAR

M. Louis GABOLDE

AVOCAT

Né à Revel (Haute-Garonne).

TOULOUSE

IMPRIMERIE TRADEL, VIGUIER & Cie

Rue des Gestes, N° 6.

1871

F

FACULTÉ DE DROIT DE TOULOUSE

DE LA

GESTION D'AFFAIRES

EN

DROIT ROMAIN ET EN DROIT FRANÇAIS

THÈSE POUR LE DOCTORAT

SOUTENUE PAR

M. Louis GABOLDE

AVOCAT

Né à Revel (Haute-Garonne).

TOULOUSE

IMPRIMERIE PRADEL, VIGUIER & Cie

Rue des Gestes, N° 6.

1871

FACULTÉ DE DROIT DE TOULOUSE
1870-71

MM. Dufour ✲, *doyen*, professeur de Droit commercial.
Rodière ✲, professeur de Procédure civile.
Molinier ✲, professeur de Droit criminel.
Bressolles ✲, professeur de Code civil.
Massol ✲, professeur de Droit romain.
Ginoulhiac, professeur de Droit français, étudié dans les origines féodales et coutumières.
Huc, professeur de Code civil.
Humbert, professeur de Droit romain.
Rozy, professeur de Droit administratif.
Bonfils, agrégé.
Arnault, agrégé.
Deloume, agrégé.
Constans, agrégé.

M. Darrenougué, officier de l'instruction publique, *secrétaire, agent-comptable*.

Président de la Thèse : M. Massol.

Suffragants	MM. Molinier,	
	Ginoulhiac,	professeurs.
	Huc,	
	Deloume,	agrégé.

La Faculté n'entend approuver ni désapprouver les opinions particulières du candidat.

MEIS ET AMICIS

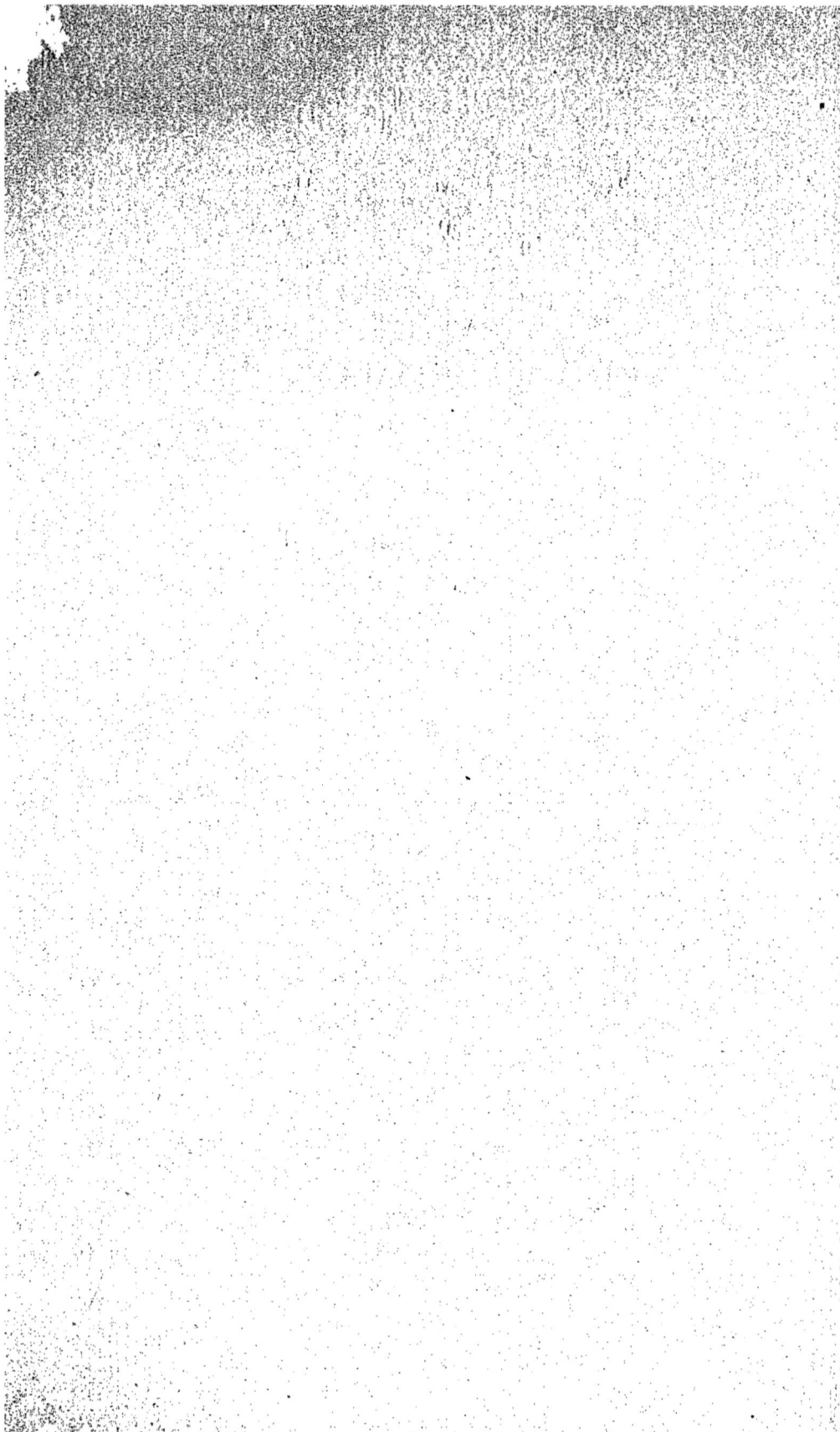

DROIT ROMAIN

DE LA GESTION D'AFFAIRES

PROLÉGOMÈNES

Une des classifications les plus importantes des obligations, en droit romain, est celle qui se base sur la diversité de leurs origines.

Les jurisconsultes n'ont pas été d'abord tous d'accord sur l'énumération des sources d'obligations, et Gaius a même professé deux opinions différentes; il dit au § 88, c. III : « *Obligationum summa divisio in duas species deducitur; omnis enim obligatio vel ex contractu nascitur, vel ex delicto,* » et dans la loi I du même auteur L. XLIV, VII, D., nous lisons : « *Obligationes aut ex contractu nascuntur, aut ex maleficio, aut proprio quodam jure, ex variis causarum figuris.* »

La seconde énumération a été adoptée et complétée par Justinien. Au titre XIII, l. III, § 3, les Institutes, distinguant dans deux nouvelles classes les nombreuses et diverses causes qui en dehors du contrat et du délit produisent des obligations juridiques, s'expriment en ces termes : « *Sequens divisio in quatuor species deducitur : aut enim ex contractu sunt, aut quasi ex contractu, aut ex maleficio, aut quasi ex maleficio.* »

Ainsi, à Rome, à côté des contrats et des délits, qui étaient les principales sources d'obligations, on reconnaissait, comme dans toutes les législations, une infinité de faits qui donnaient naissance à des engagements. Mais il ne faudrait pas croire que la loi romaine eut, comme la nôtre, voulu donner des noms particuliers à ces sources d'obligations, et reconnaître par exemple l'existence des *quasi contrats.* Ce terme n'existe dans aucun des nombreux monuments de la législation romaine. Seulement les mêmes raisons qui avaient valu des effets bien différents aux obligations naissant d'un contrat et à celles naissant d'un délit, durent apporter à peu près les mêmes différences entre les obligations nées en dehors de tout contrat ou délit, selon qu'elles provenaient d'un fait licite ou d'un fait illicite. C'est pour consacrer cette analogie qu'on subdivisa la troisième classe d'obligations en obligations naissant *quasi ex contractu* et obligations provenant *quasi ex maleficio.*

Il est de principe en droit romain qu'il n'est pas besoin d'un fait volontaire pour qu'une obligation naisse *quasi ex contractu;* par exemple, un homme est appelé à une tutelle légitime, et n'a pas de cause d'excuse à présenter : il est tenu *quasi ex contractu.* Nous verrons dans la deuxième partie de ce travail qu'en droit français les obligations naissant d'un *quasi contrat* proviennent d'un fait purement volontaire du gérant, et nous pouvons dire dès à présent que les obligations naissant *quasi ex contractu* suivant le droit romain comprennent toutes celles qui résultent selon notre code et *des quasi contrats*, 2° de l'autorité seule de la loi (1).

En résumé et suivant la traduction littérale d'un passage des Instituts (L. III, T. XXVII, pr.) ; il y a des obligations qui ne naissent pas proprement d'un contrat, mais qui ne prenant pas leur source dans un fait illicite, paraissent naître comme d'un contrat.

C'est au nombre de celles-ci que sont rangées en première ligne les obligations diverses résultant de la gestion d'affaires. Ces obligations et le fait juridique qui les produit composent la matière que nous avons dessein d'étudier.

(1) Demangeat, t. 2, p. 355.

DE LA GESTION D'AFFAIRES

CHAPITRE Ier

Origine. — Définition.

D'abord à Rome on admettait en principe que s'immiscer dans les affaires d'autrui était une faute : « *Culpa est immiscere se rei ad se non pertinenti.* » (L. 36, l. L, t. XVII, Pomponius.) Le gérant était tenu ; mais il n'avait d'autre recours contre le maître, pour répéter ses impenses, que celui résultant du principe d'équité inséré au Digeste dans les termes suivants : « *Jure naturæ æquum est neminem cum alterius detrimento et injuria fieri locupletiorem.* » (L. 206, l. L, t. XVII.)

Le maître n'était par conséquent tenu que dans la limite de son enrichissement.

Suivant ces principes, dans les cas où on intervenait par charité ou par affection dans les affaires d'un tiers, par exemple pour lui éviter une grave perte que son absence l'empêchait de prévenir, on était très-exposé à ne pas être indemnisé de ses dépenses. En effet, ces impenses n'étaient remboursées que si leur utilité se traduisait, au moment de la demande, par un enrichissement actuel du maître. Ainsi le gérant, après avoir fait tout ce que les circonstances demandaient dans l'intérêt de l'affaire d'autrui, était souvent privé de tout recours, par suite

d'un événement qu'il ne pouvait prévoir et qui venait rendre inutile sa gestion.

Il y avait là deux inconvénients graves ; ce n'était pas
seulement l'équité qui était blessée d'un tel état de choses,
l'utilité publique réclamait aussi un changement; car personne n'était disposé à s'occuper des affaires que l'absence
du maître laissait en souffrance ; des biens nombreux
pouvaient ainsi dépérir faute de soins, au préjudice de la
fortune publique.

C'est pour ces deux motifs que furent admises les règles particulières de la gestion d'affaires qui font l'objet de
cette étude.

Tout d'abord se présente une question qui a divisé les
jurisconsultes : La gestion d'affaires a-t-elle été réglementée par le droit civil ou par le droit prétorien ? Les
arguments fournis par les deux systèmes opposés sont très-
sérieux, et nous avouons que nous sommes demeuré longtemps hésitant entre les deux. Nous pensons du reste que
si on mettait de côté le point de vue historique, et si l'on
ne voulait que donner le plus de lumière possible au côté
juridique de la question , il importerait peu de savoir au
juste si la gestion d'affaires nous vient ou non du préteur ;
dans tous les cas, tout le monde admet que nous sommes
ici dans le domaine de l'équité, que c'est là le grand principe qui doit dominer et éclairer toute la matière de la
gestion d'affaires.

Nous allons essayer de résumer la controverse à laquelle a donné lieu cette question de l'histoire du droit
romain.

Voici les arguments qu'on invoque généralement lorsqu'on soutient que la gestion d'affaires nous vient du
droit civil.

1° Dans un texte de Paul (l. 17, § 3, L. XIII, t. VI,
Dig.), nous voyons que ce jurisconsulte, parlant de ce qui

se passe lorsque le contrat de *commodat* se forme, dit que ce qui était obligation unilatérale se convertit en deux actions réciproques et civiles, comme il arrive dans le cas de gestion d'affaires.

On ne peut pas, dit-on, proclamer d'une façon plus formelle que la gestion d'affaires est d'origine civile.

2° Le Code fournit aussi un texte où il est écrit formellement que l'action de gestion d'affaires est civile. (C. 8, L. II, T. XIX, C.)

3° La loi 7, au Dig. (L. III, T. V), constate que l'action de gestion d'affaires est une action de bonne foi ; or, dit-on, il n'y a que les actions civiles qui soient divisées en actions *bonæ fidei* et actions *stricti juris*.

4° Enfin la loi 47 de notre titre fournit un argument du genre du précédent ; nous y lisons que peu importe pour le résultat d'avoir l'action directe ou l'action utile de gestion d'affaires ; et l'on sait que les actions civiles seules sont tantôt directes, tantôt seulement utiles.

Les partisans du même système répondent en outre à leurs adversaires, dont les principaux arguments sont des textes constatant l'intervention du préteur, que les règles de la gestion d'affaires existaient longtemps avant le droit honoraire , et que le préteur, lorsqu'il faisait un édit, ne créait pas toujours un droit nouveau, mais confirmait, au contraire, très-souvent les décisions du droit civil.

Les jurisconsultes qui défendent l'origine prétorienne de la gestion d'affaires font valoir des arguments qui sont aussi très-puissants. Ils disent : Si nous ouvrons le *Digeste* au titre de la gestion d'affaires, les premier mots que nous y lisons sont ceux-ci : *Hoc edictum necessarium est*. Dans cette proposition nous trouvons un argument direct des plus solides ; il s'agit de l'édit du préteur ; nous trouvons dans le mot *necessarium* une réponse victorieuse à l'assertion des adversaires qui soutiennent que la gestion d'affaires existait avant le droit prétorien. Comme fait, il est certain qu'elle a existé de tous temps, mais elle n'était pas connue comme institution réglementée avant l'intervention du préteur, puisque un édit fut nécessaire pour qu'elle prit ce caractère.

Dans la loi 3, de notre titre, nous trouvons ces mots : « *Ait prætor judicium dabo.* » Ceci paraît encore un argument formel aux mêmes commentateurs.

A l'argument tiré de la loi 17 du *commodat* par les défenseurs de l'origine civile, on répond : Que la comparaison entre la gestion d'affaires et le *commodat* porte dans ce texte sur le dualisme et la réciprocité des actions et non pas sur leur qualité de civiles ou prétoriennes ; et en effet, dit-on, si nous continuons à lire le texte cité, nous trouvons pour explication ces mots seulement :.. *Neque enim peritura deseret ; suscepisset enim fortasse alius si non cœpisset.* Ceci est une raison d'équité, bien suffisante pour déterminer le préteur à donner une double action, mais qui ne prouve en rien que ces actions soient civiles.

Dans le même système on ajoute que l'argument tiré de la loi 8 de notre titre au code serait invincible, si ce texte était d'une autre époque, mais qu'à partir de Justinien les deux droits civil et honoraire se confondirent ; l'équité devint la première règle de tous les jurisconsultes, et le mot *civiliter* ne signifia plus que suivant le droit (civil ou prétorien).

A l'argument de la loi 7 on répond que les actions prétoriennes se rapprochent incomparablement plus des actions de bonne foi que des actions *stricti juris* et que Paul a pu, sans commettre une erreur proprement dite, s'exprimer comme il l'a fait.

Un partisan de l'origine prétorienne (1) trouve même un

(1) Commentarii Matthæi Wesenbecii, col. 200.

argument dans la loi 47 qu'invoquent les adversaires.
S'il n'y a pas de différence, dit-il, entre l'action directe
et l'action utile de gestion d'affaires, c'est que l'action
directe n'est pas revêtue des formes qui caractérisent les
actions civiles et qu'elle est donnée par le préteur, « *Unde
intelligi potest hanc actionem prœtoriam esse.* »

Il nous semble que cette réponse à une objection puis-
sante n'a pas une grande valeur, et pour notre compte,
cette distinction que fait la loi 47 entre l'action directe
et l'action utile de gestion d'affaires nous détermine à
rejeter l'origine prétorienne de la gestion d'affaires.

Nous devons reconnaître que les obligations naissant
de la gestion d'affaires ont une grande analogie avec celles
résultant du contrat de mandat. Mais il faudrait se garder de croire que les obligations de gestion d'affaires aient
eu leur source dans l'idée d'une convention tacite ; la
convention tacite de gestion d'affaires serait un mandat,
tout comme le mandat exprès. Comme le fait observer
Vinnius (C. *in Inst.*, III, XXVIII), toute convention est le
fait de plusieurs, tandis que les obligations dont nous
nous occupons ne proviennent que de celui du gérant ;
enfin ceux qui ne connaissaient pas la gestion, et même
des personnes morales (une hérédité jacente par exemple,
F. 3, § 6, D. n. t.), qui ne pourraient pas être parties dans
une convention, sont tenus des actions de gestion d'affaires.

De même que le mandat n'est à proprement parler ni
un contrat unilatéral, ni un contrat synallagmatique, mais
qu'il procède de l'un et de l'autre, le fait de gestion d'affaires est générateur d'obligations tantôt unilatérales,
tantôt réciproques. L'effet principal de la gestion d'affaires,
c'est d'obliger le gérant pour sa gestion ; mais il arrive
le plus souvent, comme nous le verrons plus loin, que le
maître de l'affaire est à son tour tenu par voie de conséquence vis-à-vis du gérant.

Pour qu'il y ait, suivant le droit civil, véritable fait juridique de gestion d'affaires, tant à l'égard du gérant qu'à l'égard du maitre, ou, pour nous exprimer en d'autres termes, pour que l'immixtion d'un étranger dans les affaires d'autrui donne lieu aux deux actions réciproques et civiles *negotiorum gestorum* que nous étudierons plus loin, il faut : avoir géré *volontairement* l'affaire d'un *tiers, dans l'intérêt de celui-ci, avec l'intention de se faire indemniser*, et sans en avoir *reçu mandat*.

Chacune des conditions relevées dans la définition que nous venons de donner nous parait mériter une étude particulière, que nous allons essayer.

SECTION I

IL FAUT QUE LE GÉRANT AIT AGI VOLONTAIREMENT.

Ce caractère de la gestion d'affaires distingue le gérant du tuteur, qui lui aussi gère l'affaire d'autrui, mais qui est contraint à cette gestion par sa qualité de tuteur.

On peut se demander si les héritiers du tuteur qui continuent après sa mort la gestion des affaires du pupille sont de véritables gérants. Bien que les héritiers soient les représentants de la personne et que la tutelle soit une charge personnelle, il nous parait certain que les héritiers sont pour leur gestion propre tenus de l'action de gestion d'affaires. La constitution 2, au Code V, LIV, qui parle de l'action utile de tutelle donnée contre les héritiers du tuteur, n'a trait qu'à leur responsabilité pour l'administration de leur auteur.

L'esclave qui gère les affaires de son maitre n'agit pas sans contrainte, et par conséquent il n'est pas gérant ; si plus tard il est affranchi, il n'est pas tenu comme gérant pour ce qu'il a fait étant esclave (loi 17, n. t. D.).

Le texte ajoute que s'il y a entre sa gestion comme esclave et sa véritable gestion postérieure une connexité telle qu'on ne puisse les séparer, l'affranchi est tenu pour tous ses actes.

Dans les cas même où il est facile de distinguer la gestion antérieure à l'affranchissement de celle qui l'a suivi, le gérant affranchi demeurera tenu pour les actes antérieurs, mais son obligation sera seulement naturelle; c'est ainsi, pensons-nous, que doit être entendu le pr. de la loi 19, n. t. (1).

Dans la loi 6, § 5, n. t., nous trouvons une solution qui paraît difficile à concilier avec le principe dont nous nous occupons dans cette section. Julien reconnaît qu'il y a lieu à l'action de gestion d'affaires dans le cas où le gérant se croyait l'esclave du *dominus*, tandis qu'il était réellement ingénu. Il est évident que, dans cette hypothèse, le gérant a agi comme contraint et forcé. Cujas (2) a donné l'explication de cette difficulté dans les termes suivants : « ... *Quia plus valet quod est in veritate quam quod est in existimatione ejus.* » On ne se demande pas si le gérant pensait être contraint à gérer, mais seulement si réellement il n'était pas libre de ne pas s'immiscer dans les affaires du *dominus*.

Nous voyons dans le fr. 19, § 2, une hypothèse dont l'explication se rattache à ce que nous venons de dire. Primus a donné un mandat à Secundus qui se croyait son esclave, Secundus qui s'en est acquitté se trouve être *sui juris*. Paul décide qu'il n'y a pas, dans ce cas, contrat de mandat, mais seulement gestion d'affaires. En effet, le

(1) M. Massol, *Obligation naturelle*, page 177.
(2) *Opera post.* Tom. III, p. 15.

mandat, qui est un contrat, n'existe que par le fait d'une convention, et il ne peut pas existér de convention avec des effets juridiques entre un maître et celui qui se croit son esclave ; il n'y a qu'un ordre du maître ; dans notre hypothèse, le contrat n'a pas eu un moment d'existence.

Quant à la gestion d'affaires, au contraire, c'est un fait ; ce n'est pas à son origine, mais à son résultat qu'on s'attache, et il n'est pas besoin d'une convention pour qu'il se produise avec ses effets juridiques. Aussi nous verrons plus loin que le pupille peut être un véritable *negotiorum gestor*.

SECTION II

IL FAUT AVOIR GÉRÉ L'AFFAIRE D'UN TIERS.

Nous avons vu comment s'était réglementée dans la législation romaine la gestion d'affaires, et comment s'était améliorée la position de celui qui s'immisçait dans les affaires d'autrui, pourvu qu'il eut un motif légitime d'intervenir. Il ne faut pas nécessairement supposer l'absence du maître, et il y a des circonstances nombreuses qui expliquent et légitiment l'intervention dans les affaires d'autrui, même en cas de présence du *dominus rei*.

Nous trouvons l'application directe du principe posé en tête de cette section dans le § 4 de la loi 6, h. t. : « *Si quis ita simpliciter versatus est, ut suum negotium in suis bonis quasi meum gesserit, nulla ex utroque latere nascitur actio, quia nec fides bona hoc patiatur.* » Et en effet, dans cette hypothèse, on ne pourrait comprendre qu'il y eût action d'aucun côté, car celui en vue de qui on a géré n'a aucun droit, puisque l'affaire ne lui appartient pas ; quant au gérant propriétaire, que pourrait-il demander, à qui pourrait-il s'adresser ?

Dans le même paragraphe, nous trouvons la solution de deux autres cas ; d'abord si Primus a géré sa propre affaire et celle de Secundus, en vue de celui-ci, il y aura gestion d'affaires pour ce qui concerne l'affaire de Secundus. Enfin Labeon décide que si je donne mandat de gérer, comme ma propre affaire, celle qui est commune à Titius, et si mon mandataire, connaissant cette situation, exécute mon mandat, les actions de gestion d'affaires prendront naissance entre lui et Titius.

Il n'est pas nécessaire, pour qu'il y ait vraiment lieu aux actions *negotiorum gestorum*, que l'affaire gérée soit proprement et principalement l'affaire de celui qu'on a voulu obliger ; il suffit que celui-ci ait un intérêt direct à la gestion. Plusieurs textes nous offrent des applications de ce principe.

C'est d'abord le pr. de la loi 6, dans lequel Julien dit, que si on a géré les affaires du pupille de Titius, sans avoir reçu mandat de celui-ci, mais pour le soustraire à l'action de tutelle, on a contre lui l'action de gestion d'affaires. Le texte ajoute que le gérant aura aussi un recours contre le pupille, dans la limite de son enrichissement. Notons qu'on reconnaît qu'il y a enrichissement pour le pupille même au cas où il n'a fait qu'éviter une perte. (Fr. 47, § 1, D. 46, 3.)

On critique la solution de la loi que nous expliquons, et certains jurisconsultes prétendent qu'on ne devrait donner qu'une seule action. Mais en matière de gestion d'affaires où la bonne foi domine, il nous semble qu'on ne peut pas s'étonner de trouver cette application du principe que nul ne doit s'enrichir aux dépens d'autrui. Le recours du *negotiorum gestor* contre le pupille enrichi nous paraît résulter de l'obligation naturelle de celui-ci et être accordé subsidiairement au *gestor* par le préteur, en cas d'insolvabilité du tuteur.

Le § 1 de la même loi contient une hypothèse remarquable : Julien suppose que Primus a prêté une somme au mandataire de Secundus pour payer un créancier ou retirer un gage de celui-ci, et il dit que, dans ce cas, Primus aura l'action de gestion d'affaires contre Secundus, mais que le mandataire ne sera nullement tenu. La raison de cette décision est facile à voir. D'abord il n'y a pas entre Primus et Secundus un contrat de *mutuum*, puisque l'intention des parties n'existe pas, et la *condictio certi* ne peut être accordée; Secundus ne peut être tenu que par l'action de gestion d'affaires. Quand au *procurator*, Primus n'a pas d'action contre lui, puisque ce n'est pas sa personne, mais celle de Secundus, qu'il a prise en considération en prêtant les fonds. Les derniers mots du paragraphe poussent ce système encore plus loin et le jurisconsulte finit par déclarer que, même au cas où une stipulation serait intervenue entre Primus et le *procurator*, elle serait considérée comme surabondante et l'action de gestion d'affaires serait maintenue contre Secundus.

On peut se demander ce qui arriverait si, dans une hypothèse analogue à la précédente, celui qui a prêté les fonds ne l'avait fait qu'en considération du mandataire. Nous répondons que, dans ce cas, celui qui a prêté les fonds n'aurait pas en principe l'action de gestion d'affaires contre le mandant, puisqu'il n'a pas eu sa personne en vue. Mais nous croyons que si le mandataire était insolvable, le gérant aurait contre le mandant une action utile, au moins dans la limite de son enrichissement. Il y a en effet une grande analogie entre cette hypothèse et celle où on a géré l'affaire du pupille, *tutoris contemplatione* (loi 6, pr. n. t.).

2

APPENDICE

Effets de la ratification que le dominus rei accorde aux actes du gérant d'affaires.

Cette matière rentre naturellement dans ce chapitre, parce que le principal effet de la ratification accordée par celui en vue de qui une affaire a été gérée, sans qu'elle lui appartînt, est de la faire sienne. Le § 9 de la loi 6, D. n. t. se termine en effet par ces mots : « *Sic ratihabitio constituet tuum negotium quod ab initio tuum non erat, sed tua contemplatione gestum.* » Ces mots sont l'explication de la solution suivante de Pédius : Primus croyant que Titius est le débiteur de Secundus, s'est fait payer pour le compte de ce dernier qui a ratifié; on reconnaît, plus tard, que Titius ne devait pas la somme qu'il a payée, et le jurisconsulte décide, en vertu du principe que nous venons de relever, que Secundus a l'action de gestion d'affaires pour se faire payer par Primus ce qu'il tient de Titius, et qu'il est tenu à son tour de restituer les fonds à Titius.

Nous retrouvons le même effet de la ratification dans l'espèce du § 10 de la même loi : Primus s'est fait payer par le débiteur de Titius, dans l'intérêt de Secundus qu'il croit être l'héritier de Titius, et le prétendu héritier a ratifié, mais la succession se trouve appartenir à Seius; dans ce cas aussi Pédius accorde l'action de gestion d'affaires à Secundus, qui sera à son tour tenu de l'action de pétition d'hérédité, puisqu'il détient ou est censé détenir une fraction de l'hérédité.

Mais il est des cas où la ratification du maître est impuissante à faire sienne une affaire étrangère. Le même Pédius cite un exemple où il en est ainsi. Un gérant a consolidé une maison qui menaçait ruine, croyant qu'elle appartenait à Primus, tandis qu'elle était la propriété de Secundus, et Primus a ratifié; il est clair que, par cette ratification, il n'a rien acquis et par suite, n'a contracté aucune obligation ; l'affaire lui est restée étrangère et les actions *negotiorum gestorum* n'ont pu naître ni à son profit, ni contre lui. (L. 6, § 11, n. t.)

Nous pourrions réserver les autres effets de la ratification pour les chapitres consacrés aux obligations du gérant et du *dominus* et aux actions qui naissent de la gestion d'affaires, mais la matière de la ratification nous paraît trop importante pour la scinder, et nous aimons mieux l'épuiser, bien que l'ordre logique de notre travail y perde peut-être.

Le gérant ne peut obliger le *dominus* à lui restituer ce qu'il a dépensé à l'occasion de sa gestion, si ce n'est dans le cas où ces dépenses ont été utiles ; nous reviendrons bientôt plus longuement sur ce point. Il nous suffit pour le moment de savoir qu'il y a des cas où, à raison de l'inutilité de ses dépenses, le gérant n'a pas d'action pour se les faire rembourser. La ratification du maître, dans ces hypothèses, change complétement la situation; la gestion devient utile d'inutile qu'elle était, et le gérant peut réclamer toutes ses impenses. Remarquons toutefois que la ratification serait impuissante pour effacer le dol. (L. 9, Scævola, n. t.)

La ratification du maître peut être expresse; elle peut n'être que tacite, c'est-à-dire résulter de la connaissance que le maître a eu de la gestion ; dans les deux cas elle a toujours le même effet.

Quelle est l'action qui résultera de la ratification? sera-ce l'action de mandat, ou bien celle de gestion d'affaires?

Cette question a toujours été controversée et a donné

lieu à de nombreux systèmes ; nous allons essayer d'en exposer quelques-uns.

Remarquons, avant d'entrer dans la discussion, que deux textes du Digeste semblent trancher radicalement la question, chacun dans un sens opposé : le fr. 6, § 10, n. t. que nous avons expliqué dans le sens de l'action de gestion d'affaires; le fragment 60, L. XVII, aussi formellement dans celui de l'action du mandat : « *Si quis ratum habuerit quod gestum est, obstringitur mandati actione.* » Ce sont ces textes qu'on a voulu concilier.

I. — Dans un premier système on soutient que, dans le cas où la gestion est ratifiée, il y a mandat à partir de la ratification et gestion d'affaires pour les temps antérieurs.

Nous répondons que l'affaire est une du commencement à la fin et qu'on ne peut pas la diviser pour en faire, en même temps, un contrat et un fait juridique, productif d'obligations naissant *quasi ex contractu.*

La ratification a absolument le même effet sur ce qui a été fait que sur ce qui reste à faire ; ainsi cette distinction ne résoud pas la difficulté.

II. — D'après une seconde opinion, on explique la solution de Julien au § 10 de la loi 6 de la manière suivante (1) : il s'agit dans ce texte d'un paiement obtenu au nom d'un faux créancier; le paiement a donc été exigé sans droit. Dans ce cas, dit-on, l'affaire est complétement étrangère au prétendu créancier qui a ratifié, et sa ratification ne peut pas faire sien ce qui est en dehors de ses biens. Au contraire, si vous ratifiez la gestion d'une affaire qui vous appartient, la ratification équivaut à un mandat. Voilà pourquoi, dans le premier cas, c'est l'action de gestion d'affaires, dans le second, celle de mandat, qui prend

(1) Faber, *de Rationalia juris.*

naissance. Pour que l'explication de Faber fut satisfaisante, il faudrait qu'il fut vrai qu'on ne peut pas donner mandat pour une affaire étrangère, or, c'est le contraire qui est incontestable. On comprend très-bien que l'on admette plus difficilement le mandat quand il s'agit d'une affaire étrangère, mais quand le doute n'est pas possible, pourquoi ne pas reconnaître l'existence du mandat?

III. — On soutient quelquefois que les deux lois dont nous nous occupons ne sont pas contradictoires et qu'on peut intenter l'une ou l'autre des deux actions, à son choix.

On ne peut pas s'arrêter à ce système d'après lequel il y aurait à la fois contrat et gestion d'affaires, ce qui ne peut pas être ; l'un est exclusif de l'autre. Pour qu'il y ait gestion d'affaires il ne faut pas qu'il y ait mandat, et réciproquement.

IV. — D'après un autre système (1), on fait une distinction qui a trouvé de nombreux partisans. On considère l'époque à laquelle est intervenue la ratification ; si ce n'est que *post gestionem totam*, il n'y aura que gestion d'affaires ; elle est constituée d'une manière définitive et la ratification ne peut la changer en contrat. Si au contraire la ratification a été donnée avant l'achèvement de la gestion, il y aura mandat, parce que le cas de gestion d'affaires, qui n'était pas encore parfait, a pu être changé en contrat de mandat. Cujas trouve plusieurs arguments de texte à l'appui de son système. C'est d'abord le fr. 9 de n. t. où l'action de gestion d'affaires est accordée, et où on suppose que l'affaire a été gérée complétement avant la ratification, puisqu'on dit d'elle qu'elle a été *male gestum*. (Même argument dans la c. 9, au C. n. t.)

Dans le fr. 60, D. 50, 17, la ratification intervient au

(1) Cujas.

contraire, dit Cujas, *rebus integris*, sans que l'affaire soit terminée, aussi c'est l'action de mandat qui est accordée.

Nous répondons que, pour qualifier un fait juridique, il faut se référer au commencement, et nous trouvons précisément cette règle à propos de mandat (f. 8, D., *proem.*, 17, 1), dans un texte d'Ulpien. Nous ne comprenons pas que l'effet de la ratification sur des actes accomplis puisse être différent, selon que l'affaire était ou non terminée au moment de cette ratification.

V. — D'autres auteurs proposent de distinguer si le maître qui ratifie est absent ou présent; il y aurait gestion d'affaires dans le premier cas, mandat dans le second.

Cette explication est purement divinatoire, il n'y a aucune raison qui légitime la distinction qu'elle établit.

VI. — Suivant quelques commentateurs, la ratification ne donne lieu qu'à l'action de gestion d'affaires; il n'y a d'exception que pour le cas du fidéjusseur (fr. 60, L. XVII), et cette exception s'explique, disent-ils, car le fidéjusseur n'a encore rien fait quand on ratifie; la ratification se présente avant que rien ait pu faire naître les actions de gestion d'affaires, c'est donc un contrat de mandat qui se forme.

La raison sur laquelle se fondent les partisans de ce système est fausse, selon nous. Il ne nous paraît pas vrai de dire que lorsque la ratification survient, le fidéjusseur n'a encore rien fait; il peut n'avoir pas encore payé, mais il est engagé, et ce qui importe, ce qui fait naître la gestion ou le mandat, c'est cette obligation.

VII. — D'après une autre doctrine (1), pour savoir si la ratification fait naître un mandat ou bien laisse subsister

(1) Gluck, t. IX, p. 336.

la gestion d'affaires, il faut examiner la manière dont elle est conçue. Si, d'après ses termes, on s'approprie expressément ce qui a été fait, il y a mandat; si la ratification est plus vague, il n'y a que gestion d'affaires.

Nous repoussons ce système comme arbitraire; il ne nous paraît pas possible d'établir des degrés dans la ratification : ratifier, c'est toujours approuver et s'approprier ce qui a été fait.

VIII — D'après notre professeur, M. Massol, dont nous adoptons l'opinion, on ne doit pas chercher à concilier les deux textes que nous avons cités. Nous croyons qu'il y avait division entre les jurisconsultes romains sur la question qui nous occupe. La c. 7 au Code 4, 28, témoigne de cette controverse entre les anciens auteurs. Dans le principe, c'est l'action de gestion qu'on accordait certainement; mais lorsque le mandant déclarait après coup qu'il entendait intenter l'action de mandat, le gérant n'était tenu que de cette action relativement à sa responsabilité, parce qu'il y avait avantage pour lui. Plus tard, de cette assimilation du gérant d'affaires avec le mandataire, au point de vue de la responsabilité, on a conclu à l'attribution complète de l'action de mandat à l'hypothèse dont nous traitons; et ce qui rend plus probable cette explication de l'économie de la loi 60, c'est que ce fragment est l'œuvre d'Ulpien, jurisconsulte progressiste.

Ainsi nous pensons que la ratification transformait la gestion d'affaires en mandat, et que l'effet de cette ratification relativement aux parties remontait au premier jour de la gestion.

Relativement aux tiers, au contraire, en principe la rétroactivité de la ratification ne se produisait pas, parce que la représentation dans les actes juridiques n'était pas admise.

SECTION III.

IL FAUT AVOIR GÉRÉ DANS L'INTÉRÊT D'UN TIERS AVEC L'INTENTION DE RÉPÉTER SES IMPENSES.

Selon la rigueur des principes de la gestion d'affaires, pour que les actions *neg. gest.* prennent naissance, il faut que le gérant ait eu l'intention de faire l'affaire du *dominus* et de répéter de lui ses déboursés.

Plusieurs textes nous présentent des applications de cette règle.

Dans la loi 6, § 6, n. t., nous trouvons cette espèce : Titius a géré les affaires de votre fils ou de votre esclave, et on se demande si les actions de gestion d'affaires naîtront entre vous et Titius. Labeon, Pomponius et Julien sont d'accord pour répondre par cette distinction : si Titius a géré dans votre intérêt, vous serez tenu de l'action *negotiorum gestorum* ; s'il n'a agi qu'en vue de votre fils ou de votre esclave, il n'aura contre vous que l'action de *peculio.*

Nous trouvons aussi dans la loi 46, n. t., une hypothèse remarquable.

Le père de Titius achète pour vous le fonds Cornélien que vous aviez chargé Titius d'acheter lui-même, et Africain décide que si le père n'a agi que dans le but de vous obliger, il y aura gestion d'affaires ; que si au contraire le père de Titius n'a agi que pour éviter à son fils l'obligation d'exécuter son mandat, vous n'aurez contre lui que l'action de *peculio.*

Cependant, comme la matière de la gestion d'affaires est dominée par un principe d'équité, ainsi que nous avons eu occasion de le dire plusieurs fois, les rigueurs du droit

primitif durent se plier devant une foule de circonstances.
Dans certains cas où, selon les principes, il n'y a pas à
proprement parler gestion d'affaires, il naît cependant des
actions entre le gérant et le *dominus ;* et nous devons
chercher à donner une idée aussi précise que possible de
ce qui se passe dans ces hypothèses assez nombreuses. Des
controverses se sont élevées sur ce point, et c'est surtout
le § 3 du fr. 6, *in fine,* n. t., qui est le terrain de ces
débats. Dans ce texte, Labeon prévoit l'hypothèse où Titius a géré mon affaire dans un but d'intérêt personnel
(deprædandi causa), et sans vouloir m'enrichir, et il décide
qu'en agissant ainsi Titius a fait plutôt son affaire que la
mienne ; il n'en sera pas moins tenu de l'action directe de
gestion d'affaires, même il le sera *a fortiori,* et le jurisconsulte s'exprime ensuite en ces termes quand il en arrive à
parler du recours de Titius pour ses dépenses : « ... *Ipse tamen
si circa res meas aliquid impenderit, non in id quod ei abest,
quia improbe ad negotia mea accessit, sed in quod ego locupletior factus sum, habet contra me actionem.* »

I. — D'après une première opinion (1), le gérant, dans
cette hypothèse, n'a pas l'action de gestion d'affaires, mais
seulement une exception. Ainsi le gérant ne pourrait rien
réclamer s'il n'était pas en possession, mais il pourrait
opposer le droit de rétention, s'il était attaqué ; l'exception ne serait possible qu'au cas où le *dominus* intenterait
l'action directe.

Cette opinion ne peut être soutenue qu'à la condition
de supprimer, comme le fait Noodt, le mot *actionem* du
texte et de le remplacer par le mot *exceptionem ;* mais cela
ne s'appelle plus donner une interprétation, c'est supprimer
la difficulté au lieu de la résoudre.

(1) Faber, *Rationalia,* t. I, p. 381. (Edit. de 1659.)

II. — D'après un second système, on n'accorde que l'action *de in rem verso*.

Cette solution ne nous paraît pas non plus fondée. Le texte qui semble l'appuyer est celui-ci (Just., Inst. L. IV, T. VII, § 4) : « *Præterea introducta est actio de peculio deque eo quod in rem domini versum est ut, quamvis sine voluntate domini, negotium gestum erit ; tamen, sive quid in rem ejus versum fuerit, id totum, præstare debeat, sive quid non sit in rem ejus versum, id eatenus præstare debeat, quatenus peculium patitur.* » Il est facile de voir que nous ne sommes pas ici dans l'hypothèse. Il s'agit d'une action à intenter contre le maître devenu plus riche par le fait de son esclave, et l'action *de in rem verso* est donnée contre lui, parce que celle de gestion d'affaires ne peut pas être donnée contre l'esclave. Dans l'hypothèse des *Institutes*, il y a trois personnes en jeu, le maître, l'esclave, le gérant ; le texte de Labeon ne suppose au contraire qu'un *dominus rei* et un *negotiorum gestor*. Nous croyons que l'action *de in rem verso* est particulière au cas où on se trouve en présence d'un fils de famille ou d'un esclave.

III. — Suivant certains auteurs, il y avait controverse entre les jurisconsultes romains sur la position faite au gérant *prædo*, et Julien, dans la loi que nous expliquons, aurait rapporté sans l'approuver l'avis de Labeon qui lui donnait une action pour se faire indemniser dans les limites que nous connaissons. La preuve de cette divergence entre Julien et Labeon se trouve, d'après ces commentateurs, dans le fr. 37, VI, I, D. Dans ce texte, Julien refuse même une exception à celui qui ayant acheté de bonne foi le fonds d'autrui, a construit une maison sur ce terrain, après avoir appris qu'il ne lui appartenait pas.

Nous croyons, quant à nous, qu'aucun jurisconsulte romain n'a refusé un recours, basé sur la maxime (nul ne

doit s'enrichir aux dépens d'autrui), au gérant *prædo*. Julien nous semble, dans le fr. 37, avoir voulu seulement
prévoir le cas où on aurait construit sur le terrain d'autrui un édifice au dessus des moyens du propriétaire, et
il n'a pas voulu que celui-ci fut obligé de se charger de
l'édifice en payant sa valeur.

IV. — D'après une autre opinion, l'action accordée au
prædo par le fr. 6, § 3, ne serait autre chose que l'*actio
negotiorum gestorum contraria utilis* (1). Les défenseurs de
ce système se fondent sur des textes desquels il résulte
que, pour que l'action utile soit accordée, il n'est pas nécessaire que le gérant ait agi dans l'intérêt du *dominus rei*.
Nous parlerons un peu plus bas de ces textes, en tâchant
de reconstituer l'historique de notre matière : mais nous
pouvons dire d'ores et déjà que l'action *utilis* accordée
dans des cas nombreux que nous allons relever ne nous
parait pas avoir été jamais appliquée au cas qui nous occupe. Nous verrons bientôt qu'elle n'était pas donnée à
celui qui avait géré malgré la défense du maître ; *a fortiori* n'y a-t-il pas lieu à cette action quand on a géré dans
son propre intérêt, *tanquam prædo*.

V. — Le gérant *prædo* n'a pas l'action de gestion d'affaires, même utile, parce qu'il n'a voulu obliger personne ;
mais en vertu du principe supérieur que nous avons énoncé
souvent, il pourra avoir une *condictio* contre le *dominus*,
dans la mesure de l'enrichissement de celui-ci. On est
tenté de s'étonner de voir le gérant *prædo* soumis à l'action directe et privé de l'action contraire (même *utilis*)
neg. gest. La raison de cette différence avec ce qui se passe
en matière de mandat provient de ce que, en matière de

(1) Gluck, t. IX, p. 342.

gestion d'affaires, l'influence des principes d'équité est plus apparente qu'en ce qui concerne les contrats, et rien n'est plus conforme à ces principes que d'accorder à celui qui a géré, *depraedandi causa*, une action moins avantageuse qu'au gérant ordinaire.

Si l'on voulait concilier les textes que nous avons déjà cités et ceux qui vont suivre, en supposant que les décisions qu'ils rapportent datent d'une même époque, on se heurterait à une difficulté insurmontable. Des fragments très-nombreux du titre *de negotiis gestis* et quelques autres relevés ailleurs nous permettent d'indiquer avec beaucoup de vraisemblance les différentes phases par lesquelles est passée l'institution de la gestion d'affaires.

D'abord les actions de gestion d'affaires n'étaient données que dans le cas où le gérant avait géré *contemplatione domini*.

Plus tard, le préteur accorda l'action *neg. gest. contraria utilis* dans les cas où le gérant avait en vue une personne autre que le *dominus*; et c'est à cette action qu'Ulpien fait allusion dans la loi 5, § 1, n. t. D., quand il dit : « *Sed et si cum putavi Titii negotia esse, cum essent Sempronii, ea gessi, solus Sempronius mihi actione negotiorum gestorum tenetur,* » Et Africain (fr. 23, XII, I, D.) : « *Et sicut negotiorum gestorum actio datur adversus eum cujus negotia curavi, cum putarem alterius ea esse... * »

Par un troisième progrès, ainsi que nous l'avons vu en expliquant le fr. 6, n. t., on accorda cette action utile au gérant, dans le cas même où il pouvait exercer l'action directe contre une autre personne (si on a géré l'affaire du pupille dans l'intérêt du tuteur).

Enfin, dans le dernier état du droit, l'action *utilis* était donnée lorsqu'on avait géré la chose d'autrui, croyant de bonne foi gérer la sienne propre. C'est ainsi que Papinien accorde l'action de gestion d'affaires au possesseur de bonne foi d'une hérédité, pour le montant des impenses consacrées, en exécution du testament, à l'érection d'un monument funèbre, et cependant le possesseur de l'hérédité n'a pas eu l'intention d'obliger l'héritier, puisque le texte le suppose de bonne foi,

Mais jamais l'action *negotiorum gestorum* n'est accordée au *prædo*, ni à celui qui a géré malgré le maitre, quoiqu'ils soient tenus eux-mêmes de l'action *directa*.

Nous avons dit que, pour que les deux actions de gestion d'affaires prennent naissance, il faut que le gérant ait eu l'intention de se faire indemniser de ses dépenses par le *dominus*.

Et, en effet, il est très-naturel que le gérant qui n'est intervenu que *animo donandi, vel officio pietatis*, n'ait droit à aucune action. Des textes nombreux offrent des exemples de gestions entreprises avec cet *animus donandi*, par des gérants liés aux maîtres par des liens de parenté, de patronage ou d'affection (ff. 27, § 1; 44, n. t. D., C. 1, 5, 13, 15 Code). Mais nous devons observer que, malgré les rapports les plus légitimes et les plus serrés qui peuvent exister entre lui et le *dominus*, le *neg. gestor* aura toujours l'action *contraria neg. gest.*, s'il a pendant la gestion manifesté l'intention de se faire rembourser ses impenses (cc. 13 et 15 au Code n. t.)

SECTION IV

IL FAUT QUE LA GESTION SE SOIT PRODUITE SANS MANDAT.

Nous savons que la gestion d'affaires résulte d'un fait, de l'immixtion d'un homme dans les affaires d'autrui; tandis que le contrat de mandat ne se forme que par la convention des parties; indépendamment du fait que le mandataire se soit occupé de remplir sa mission ou non, le contrat n'en existe pas moins.

Ce qui distingue le contrat de la source d'obligations que nous étudions, c'est donc l'intervention d'une convention, d'un mandat, soit verbal, soit écrit, soit tacite. Il est donc bien certain que si la chose d'autrui n'a été gérée qu'en vertu d'un mandat, il n'y a pas gestion d'affaires. Nous trouvons du reste ce principe établi dans une loi d'Ulpien (l. 6, § 1, XVII, I).

Il est un cas cependant où l'existence, au moins apparente, d'un mandat intervenu entre le *dominus* et le gérant, n'empêche pas l'existence de la gestion d'affaires ; nous le trouvons dans la loi 49, § 2, n. t. déjà expliquée. Ainsi que nous le disions plus haut, si un homme qui se croyait l'esclave de Titius a reçu de celui-ci mandat de gérer sa chose, le contrat n'a pas pu se former, parce qu'une convention munie d'effets juridiques ne peut pas intervenir entre celui qui se croit *dominus* et celui qui se croit esclave ; et si le faux mandataire gère selon le mandat, il n'y aura que gestion d'affaires.

Si on entreprend une gestion, croyant par erreur en avoir reçu mandat, il n'y a pas non plus contrat de mandat, mais seulement gestion d'affaires (l. 5, *pr.*, n. t.).

Lorsqu'un mandataire sort des limites du mandat qu'il a reçu, tout ce qu'il fait, en dehors des pouvoirs qui lui ont été confiés, constitue une gestion d'affaires.

Cette règle trouve son application dans le pr. de la loi 32, n. t. Papinien suppose un fidéjusseur qui, ayant mandat d'un débiteur de le cautionner pour une de ses deux dettes vis-à-vis de Titius, aurait payé les deux et retiré les gages affectés à leur sûreté, dans l'espoir de se faire rembourser plus facilement ; il décide que, relativement à celle des deux dettes que le fidéjusseur n'avait pas mandat de cautionner, il y aura gestion d'affaires.

De même que lorsque on croit, par erreur, à l'existence d'un mandat, la gestion d'affaires n'en prend pas moins naissance, si on gère en vertu d'un mandat qui est annulé, l'existence des actions *neg. gest.* est certaine. Nous trouvons un exemple de ce qui se passe, dans ce cas, dans les lois 6 et 7, D. *ad S.-C. Vell.*

Il est bien entendu qu'en disant que le mandat est exclusif de la gestion d'affaires, nous entendons parler du mandat intervenu précisément entre le *dominus rei* et le gérant.

Mais si le *dominus* a donné mandat à un tiers de gérer sa chose, et si c'est moi qui la gère, la véritable gestion d'affaires prend naissance entre nous. *Affricanus*, dans la loi 16, § 1, s'exprime en ces termes : « *Si proponatur te Titio mandasse ut pro te fidejuberet, meque quod is aliqua de causa impediretur quominus fidejuberet, liberandæ fidei ejus causa fidejussisse, negotiorum gestorum mihi competit actio.* »

Si on a géré la chose d'autrui sur le mandat d'un tiers, il y aura encore gestion d'affaires entre le *dominus rei* et le gérant ; mais dans ce cas il se formera en même temps un contrat de mandat entre le tiers mandant et le gérant ; celui-ci aura le choix entre deux recours.

Nous trouvons une solution dans ce sens de l'empereur Alexandre dans la c. 14, C. u. t. : « *Si mandatum solius mariti secutus, tam ipsius quam uxoris ejus negotia gessisti, tam tibi quam mulieri invicem negotiorum gestorum competit actio. Ipsi sane qui mandavit, adversus te mandati actio est, sed et tibi adversus eum contraria si quid forte supererogasti.* »

Dans ces cas, l'existence de la gestion d'affaires n'est pas liée à la validité du mandat, et celui-ci serait-il annulé, que les actions *neg. gest.* subsisteraient quand même entre le faux mandataire et le *dominus.*

En principe, pour qu'il y ait gestion d'affaires, il faut

que le *dominus rei* soit *ignorans vel absens* (loi 44,
D. h. t). Pothier prouve la nécessité de cette condition en
posant ce dilemme : « Lorsque vous avez fait l'affaire de
quelqu'un à son vu et à son su, ou il l'a souffert ou il s'y
est opposé. » Dans le premier cas, Pothier explique très-
bien qu'il y a mandat, et nous savons en effet qu'à Rome
le seul consentement formait un contrat de mandat parfaitement valable.

Si au contraire le *dominus rei* s'est opposé à l'immixtion
d'un tiers dans son affaire, il n'y a pas non plus gestion
d'affaires, au moins depuis Justinien ; nous allons du reste
quelques lignes plus bas essayer de rapporter les controverses à la suite desquelles cette solution fut
adoptée.

Remarquons que dans ce dilemme ne rentre pas l'hypothèse où le *dominus rei*, se trouvant présent et connaissant la gestion, se trouverait par une raison quelconque
dans l'impossibilité de témoigner son opposition, bien qu'il
le voulut faire ; nous n'hésitons pas à penser que, dans ce
cas, la véritable action de gestion d'affaires prendrait
naissance.

Dans le cas où on gère la chose d'autrui, malgré l'opposition du *dominus*, la gestion perd son caractère synallagmatique. Le gérant est bien tenu par l'action de gestion
d'affaires vis-à-vis du *dominus rei*, mais il n'a pas de son
côté l'action *contraria* pour se faire indemniser de ce qu'il
a déboursé dans sa gestion. Les termes de la constitution
de Justinien à ce sujet (c. 24, C. h. t.), nous prouvent
qu'il y a eu d'abord controverse à ce sujet entre les jurisconsultes.

Le fr. 40, D. *Mandati*, témoigne aussi de ce dissenti-
ment. Certains auteurs accordaient dans notre hypothèse
une action utile au gérant, d'autres même la véritable action de gestion d'affaires. Justinien, suivant en cela l'opi-

nion de Julien et de bien d'autres juris-consultes, décida que le gérant n'aurait aucune action de gestion d'affaires, même utile, au moins pour la gestion faite depuis la signification de la défense.

On peut se demander si, depuis la constitution de Justinien, celui qui a géré malgré la défense du maître est privé de toute espèce de recours.

Les auteurs sont partagés sur cette question, et Gluck dit que ce n'est pas le cas, dans notre hypothèse, d'appliquer la maxime : « Nul ne doit s'enrichir aux dépens d'autrui, » parce que le gérant qui a, malgré la défense formelle du maître, continué à gérer, savait à quoi il s'exposait ; que par conséquent c'est dans un but de libéralité qu'il a persisté.

Il est de principe que les libéralités ne se présument pas, et quant à nous, nous ne voyons pas, dans le fait de la gestion *invito domino*, la preuve de *l'animus donandi*. Aussi nous croyons contraire à l'équité le déni d'un recours quelconque au gérant, dans notre hypothèse. Mais en présence des termes de la constitution 24, n. t., nous trouvons bien difficile de soutenir qu'une action quelconque ait été donnée au gérant. Si un recours était accordé, c'était une *condictio*, qu'on donna en général dans tous les cas où quelqu'un s'était enrichi aux dépens d'autrui.

Si l'affaire qu'on a gérée est commune à deux personnes, dont l'une seulement s'oppose à la gestion, le gérant aura contre l'autre l'action contraire *neg. gest.* (f. 8, § 3, n. t.), pour la part qu'elle a dans l'affaire ; et Julien, prévoyant que si les deux *domini* sont associés, celui qui s'est opposé à la gestion ne serait pas en définitive dans une position plus favorable s'il restait soumis à l'action *pro socio* de la part de son associé, interdit à celui-ci l'usage de cette action pour se faire restituer une part de ce qu'il a dû payer au gérant.

3

CHAPITRE II

Obligations résultant de la gestion d'affaires.

Le fait juridique de la gestion d'affaires fait naître entre le *dominus rei* et le gérant des obligations dont nous devons parler maintenant. Nous savons dès à présent sous quelles conditions elles prennent naissance; nous avons vu qu'elles sont généralement réciproques; dans ce chapitre nous essaierons d'en déterminer les autres caractères.

SECTION I

OBLIGATIONS DU *negotiorum gestor*.

Les obligations du gérant d'affaires sont nombreuses. Pour nous en faire une idée aussi exacte et aussi complète que possible, nous les étudierons sous trois paragraphes, en nous posant les questions suivantes :

1º Pour la gestion de quelles affaires le gérant est-il tenu ?

2º Quel degré de soin est-il tenu d'apporter à sa gestion ?

3º Comment doit-il en rendre compte ?

§ 1.

Ainsi que nous l'avons déjà dit, pour caractériser nettement la gestion d'affaires, il faut la comparer au mandat, avec lequel elle a de grands rapports, mais aussi des dissemblances marquées.

Le mandataire, contractant l'obligation d'accomplir tout ce qui est compris dans le mandat, doit des dommages s'il ne le remplit pas complétement.

Un gérant d'affaires, au contraire, n'est tenu que par le fait et dans la limite de sa gestion ; aussi, en principe, il n'est tenu que pour les affaires qu'il a entrepris de gérer.

Ce caractère, qui distingue la gestion d'affaires du mandat, la sépare aussi de la tutelle et de la curatelle, comme nous le voyons dans la c. 20, Code n. t.

Il y a une hypothèse néanmoins, dans laquelle celui qui a entrepris de gérer les affaires d'un tiers est tenu à raison de celles dont il ne s'est pas occupé ; c'est lorsque le gérant, en se présentant comme devant veiller sur tout ce qui regarde les intérêts du *dominus rei*, a empêché par là d'intervenir dans les mêmes affaires des gérants qui n'auraient pas négligé ce qu'il a délaissé lui-même. Julien, fr. 6, § 12, n. t.

Lorsque nous disons que le gérant n'est tenu que pour l'affaire dont il s'est occupé, il est bien entendu que nous supposons qu'il a complétement géré cette affaire, car il est obligé de ne point négliger ce qui en est un complément nécessaire, et il doit s'occuper de toutes les suites de l'affaire, même après la mort du *dominus rei*. Fr. 21, § 2, n. t.

Plusieurs textes de notre titre s'occupent d'hypothèses où le gérant, qui est en même temps créancier, ou débiteur du *dominus rei*, néglige de s'occuper de la créance à laquelle il n'est pas étranger.

Julien dit dans la loi 6, n. t. § 12 : «... *Certe si quid a se exigere debuit, procul dubio hoc ei imputabitur, quanquam enim hoc ei imputari non possit cur alios debitores non convenerit ; quoniam conveniendi eos judicio facultatem non habuit, qui nullam actionem intendere potuit : tamen a semetipso,*

*cur non exegerit, ei imputabitur ; et si forte non fuerit usura-
rium debitum, incipit esse usurarium ; ut Divus Pius Flavio
Longino rescripsit : Nisi forte, inquit , usuras ei remi-
serit. »*

Ainsi, lorsqu'au temps de la gestion sa dette était exigible, le gérant est surtout responsable de n'avoir pas exigé
de lui-même ce qu'il devait au *dominus.*

Ce texte nous indique aussi que le gérant qui se rend
coupable de cette négligence devra des intérêts à partir
de l'échéance, même dans le cas où la dette n'en produisait pas auparavant. Et cette solution est très-rationnelle,
car si le gérant avait payé au temps fixé, il est probable
que la somme aurait été utile au *dominusrei* et aurait produit des intérêts. Dans le même sens, fr. 38, Tryphonius,
D. n. t.

Lorsque le gérant est tenu envers le *dominus rei* d'une
dette prescriptible, si la prescription n'était pas accomplie
lorsque la gestion a commencé, le gérant ne pourra plus
prescrire ; car s'il opposait à la demande du maître la
prescription, ce dernier lui répliqueraitque, s'étant immiscé
dans la gestion, il était obligé de se payer à lui-même, et
qu'il ne peut bénéficier de sa propre faute ou de son dol.
Fr. 8, n. t.

Les derniers mots de ce paragraphe prévoient une autre hypothèse ; les voici : « ... *Idem erit dicendum et in
ea causa ex qua heres non tenetur.* »

D'après ce texte, on peut réclamer aux héritiers du
negotiorum gestor ce qu'il n'a pas exigé de lui-même et
qu'il devait au *dominus,* même au cas où la dette aurait
été contractée par le gérant, sous la condition que ses héritiers n'en seraient pas tenus.

Cette solution est très-juridique, car le gérant aurait
dû se payer à lui-même ; il ne l'a pas fait et l'action directe de gestion d'affaires est née contre lui ; c'est cette

action, et non pas celle qui résulte de son premier engagement, qui est donnée contre ses héritiers.

Il est presque inutile d'ajouter qu'on ne pourrait faire
un grief au gérant d'affaires de n'avoir pas exigé de lui-
même ce qu'il devait au maître, tant que cette dette
n'était pas exigible.

De même, si le gérant n'est tenu d'une obligation vis-à-
vis du maître que sous la condition que celui-ci en exé-
cutera une réciproque à son profit, la raison indique que
si le gérant ne trouve pas dans les biens du *dominus* de
quoi se désintéresser de sa créance active, il ne sera pas
en faute en n'exécutant pas son obligation. Nous trouvons
une application remarquable de ce principe dans le texte
suivant de Scævola. « *Sed nec redhibitoriæ speciem venire
in negotiorum gestorum actionem : et per hoc sex mensibus
exactis perire, si vel mancipium in rebus non invenit ; vel, eo
invento, quod accessionum nomine additum est, vel quod dete-
rior homo factus esset, vel quod per eum esset adquisitum non
ex re emptoris, nec invenit, nec recepit, nec esset in ipsis
emptoris negotiis, quæ gerebat unde sibi in præsenti redderet.* »
(L. 35, § 2, n. t.)

Aux termes de la loi 6, § 12, n. t., le gérant n'est pas
en faute pour n'avoir pas obtenu le paiement des créances
dues au *dominus*, lorsque les débiteurs n'ont pas offert volontairement de les payer ; et cela est de toute justice, car
le gérant n'ayant aucun mandat du *dominus*, ne peut pas
poursuivre ses débiteurs en justice. Son impuissance ne
peut pas lui être imputée comme faute.

Le *negotiorum gestor* peut être un créancier du *dominus
rei*, dans ce cas il doit employer les deniers qui lui vien-
dront de sa gestion, à se désintéresser, une fois le moment
de l'exigibilité de sa dette arrivé, et à payer en même
temps les autres dettes exigibles du *dominus*. S'il a négligé
de faire ces paiements, et si les deniers viennent à périr

par cas fortuit, il est responsable de cette perte. Cependant il peut arriver que le gérant ait eu de bonnes raisons pour tenir en réserve les fonds du maître au lieu de s'en servir pour payer les créances échues; par exemple s'il est à présumer que le *dominus* aura bientôt besoin des sommes disponibles. Dans ce cas, le gérant qui aura mis les deniers en réserve ne sera pas responsable de leur perte survenue par cas fortuit.

Nous trouvons dans la loi 19 de Paul, § 3, au Digeste, un cas d'usucapion qui rentre dans la matière de cette section.

Un *negotiorum gestor* a acheté d'un tiers la chose du *dominus*, croyant de bonne foi qu'elle appartenait au vendeur, et il a commencé à l'usucaper; dans la suite, il vient à savoir quel en est le véritable propriétaire; dans cette situation Paul décide que le gérant, s'il ne veut pas être tenu de l'action *neg. gest.* pour la valeur de l'objet, devra faire intervenir quelqu'un pour exercer la revendication au nom du maître. Rien de plus juste et de plus juridique que cette décision. D'abord le gérant ayant commencé d'usucaper la chose, le fait d'apprendre postérieurement qu'elle appartient au *dominus* ne peut pas interrompre l'usucapion; mais s'il laisse éteindre l'action en revendication du maître, il est en faute et est tenu d'indemniser le *dominus rei* par l'action *neg. gest. directa*.

En faisant revendiquer l'objet au nom du maître, le gérant se met à l'abri de toute perte, car, l'éviction prononcée contre lui, il aura son recours contre le vendeur.

§ 2.

Quelques auteurs ont soutenu qu'en thèse générale le gérant d'affaires n'était tenu que de la *culpa levis in concreto*.

Ils ont argumenté d'abord du principe que celui qui prend part gratuitement à une affaire n'est tenu que de la faute lourde, comme dans le cas de dépôt, par exemple.

Nous répondons à cet argument, que le gérant s'offrant de lui-même dans l'hypothèse de gestion d'affaires, n'a pas une véritable *causa gerendi* ; nous voyons cette différence entre celui qui intervient volontairement et celui qui est obligé d'intervenir consacrée par le fr. 1, § 35, *Depositi.*

La même opinion se fonde sur le § 1, Inst., III, 27, qui, après avoir parlé des obligations du gérant, se termine par ces mots : «... *Quo casu ad exactissimam quisque diligentiam compellitur reddere rationem, nec sufficit talem diligentiam adhibuisse qualem suis rebus adhibere soleret, si modo alius diligentior commodius administraturus esset.* »

Pour les partisans du système que nous exposons, les derniers mots du texte voudraient dire que le gérant ne doit les soins du bon père de famille considéré *in abstracto* que dans le cas particulier où, en intervenant, il a empêché un gérant plus diligent de s'occuper des affaires du *dominus.*

Nous croyons au contraire que Justinien, après avoir exposé une règle générale dans le commencement du texte que nous venons de citer, n'a voulu dans les derniers qu'expliquer ce qui l'a déterminé à consacrer cette règle.

Les arguments qu'on fait valoir pour appliquer au *negotiorum gestor* la responsabilité de la *culpa levis in abstracto* nous paraissent concluants ; en voici quelques-uns :

1° D'abord l'affinité que nous avons toujours remarquée entre le mandat et la gestion d'affaires nous dispose à penser que, de même que le mandataire est tenu de la *culpa levis in abstracto,* le gérant doit l'être aussi.

2° Ainsi que nous le disions, en réfutant l'opinion contraire, alors même qu'en règle générale on est tenu seulement de la faute lourde, comme dans le cas du dépôt, si on s'est offert soi-même on est tenu de la *culpa levis in abstracto* (fr. 1, § 35, 16, 3).

3° La c. 24, *de usuris*, 4, 32, au Code, nous fournit un argument *a fortiori*. D'après ce texte, la mère gérant les affaires de son fils est tenue *omni diligentia*; à plus forte raison l'étranger doit l'être, lui qui n'a pas les mêmes motifs d'affection pour s'ingérer dans les affaires du *dominus*.

4° Nous trouvons enfin dans un texte de Paul un argument péremptoire (fr. 25, § 16, 2). Le jurisconsulte vient de dire que le cohéritier ne doit compte que de sa faute *in concreto*, pour l'administration de l'hérédité, et pour expliquer cette solution, il ajoute : «... *Quoniam hic propter suam partem causam habuit gerendi, et ideo negotiorum gestorum ei actio non competit; talem igitur diligentiam præstare debet qualem in suis rebus.* » N'a-t-on pas le droit de conclure de ce passage, et de la façon la plus formelle, que le gérant d'affaires est tenu de la *culpa levis in abstracto* ?

Remarquons toutefois que la responsabilité du gérant est restreinte au dol, dans le cas où le gérant ne s'immisce dans les affaires du *dominus* que parce qu'il y a urgence; par exemple pour empêcher la vente en justice des biens du maître (l. 3, § 9, h. t.).

Les héritiers d'un curateur qui ont continué la gestion de leur auteur ne sont tenus également que du dol et de la *culpa lata*, quoique étant de véritables gérants d'affaires, ainsi que nous le savons (c. 17, h. t.).

En principe, le gérant ne répond pas des cas fortuits (l. 11, pr. h. t.); mais lorsqu'il se trouve dans certaines situations, sa responsabilité est augmentée au point d'en répondre. Il en est ainsi, en premier lieu, si le cas fortuit a été précédé d'une faute du gérant, comme dans le cas de la loi 13, que nous expliquerons plus bas.

Lorsque la gestion a été entreprise malgré l'opposition du maître, la responsabilité du gérant s'accroît de la même manière.

Il faut en dire autant de tous les cas où le gérant a agi *tanquam prædo ;* dans ces hypothèses, nous savons que le gérant n'a pas l'action de gestion d'affaires, mais qu'il en est tenu.

D'après Proculus, on répond aussi du cas fortuit lorsqu'on a entrepris une affaire que le maître n'aurait pas osé tenter; par exemple si on a acheté des esclaves novices ; dans ces cas, s'il y a profit, c'est le maître qui le perçoit; s'il y a perte, c'est le gérant qui la souffre, mais de façon qu'il puisse opérer la compensation, s'il y a tantôt gain et tantôt perte.

Mais, en dehors de ces cas, la compensation ne saurait être admise, quand le gérant a montré de la diligence dans certaines opérations et de la négligence dans d'autres.

C'est ainsi que l'associé qui fait avec zèle et intelligence certains actes, ne peut opposer la compensation quand il est en faute pour d'autres.

La compensation n'est admise dans notre matière qu'exceptionnellement, pour les cas où la responsabilité du gérant est augmentée.

On répond enfin des cas fortuits, quand on s'en est chargé en vertu d'un pacte (c. 22, n. t.).

On comprend difficilement qu'un pacte soit intervenu entre le *dominus* et le *negotiorum gestor*, et que l'agissement soit demeuré une gestion d'affaires. Nous pensons que la const. 22 prévoit le cas où le pacte est intervenu entre le gérant et un tiers qui avait lui-même commencé la gestion; celui-ci peut avoir intérêt à ce que le nouveau gérant réponde des cas fortuits, s'il en répond lui-même, à cause de la nature de l'affaire qu'il avait entreprise.

§ 3.

Relativement à l'obligation de rendre compte, le gérant d'affaires est dans la même situation que le mandataire.

Il doit : 1° Rembourser au maître tout ce qui lui est venu de sa gestion.

2° L'indemniser s'il a diminué son patrimoine par son dol, sa faute, ou à la suite d'un cas fortuit, selon les cas.

3° Céder au maître toutes les actions qu'il a acquises par le fait de sa gestion.

4° En ce qui touche le remboursement au maître de tout ce qu'a produit la gestion , il y a quelques précisions à faire.

Ainsi, disons d'abord que le gérant doit rapporter au *dominus rei* ce qu'il a reçu pour lui, dans le cas même où la chose n'était pas due (l. 8, § 1, l. 23, n. t.).

Cependant si le *negotiorum gestor*, avant que le paiement de l'indû n'ait été approuvé par le *dominus*, a découvert que ce qu'on lui a payé n'était pas dû, et s'il l'a restitué au prétendu débiteur, il n'en devra pas rendre compte au *dominus*, seulement c'est à lui qu'il incombera de prouver qu'il a eu une bonne raison de restituer ce qu'on avait payé entre ses mains.

Le gérant doit rembourser, non-seulement le capital, mais même les intérêts de ce qu'il a reçu pour le compte du *dominus*; au moins, dans les cas où il s'est mis en faute, en laissant passer l'occasion de faire un placement avantageux : « *Qui aliena negotia gerit, usuras præstare cogitur ; ejus scilicet pecuniæ quæ purgatis necessariis sumptibus superest.* » (L. 31, § 3, n. t.) Dans le même sens (l. 19, § 4, n. t.).

A propos des intérêts, nous devons rappeler qu'aux termes de la loi 6, § 12, le gérant débiteur du *dominus* devra les intérêts de sa dette à partir du moment où il aurait dû l'exiger de lui-même, quoique la créance ne fût pas productive d'intérêts antérieurement.

La loi 38 de Tryphonius nous apprend que, dans l'hypothèse précédente, les intérêts dus seront ceux que le *dominus* aurait probablement retirés si la somme lui eût été rendue, et non pas les *maximas usuras* que devaient les tuteurs et les magistrats qui avaient détourné à leur profit les deniers des mineurs ou des municipes.

C'est parce que l'action de gestion d'affaires est une action de bonne foi, que le juge peut accorder des intérêts, alors même, qu'il n'y en avait pas de stipulés d'avance (c. 13, *de usuris*, fr. 7, Paulus).

Le pouvoir du juge, dans une action de bonne foi, est, en effet, le même que celui d'une stipulation ; or nous savons qu'on peut stipuler des intérêts.

Avant d'abandonner cette matière, rappelons qu'aux termes de la loi 31, § 3, précitée, les intérêts dus par le gérant sont ceux du reliquat de sa gestion, déduction faite des impenses qu'il a, comme nous le verrons bientôt, le droit de retenir.

2° Nous savons, dans quelles limites le gérant est tenu de sa faute, ou de son dol; nous devons ajouter qu'il est tenu aussi de garder à sa charge toutes les dépenses inutiles, voluptuaires ou exagérées (l. 25, n. t.). Quand nous disons dépenses inutiles, nous entendons, non pas celles qui, par suite d'événements imprévus, ont perdu leur efficacité, mais celles qui, en principe et au moment où elles étaient faites, ne devaient pas procurer un bénéfice au *dominus*. Nous avons vu déjà que, sauf le cas où le gérant est tenu du *casus*, il ne peut opposer de compensation entre le gain procuré par une opération et la perte provenant d'une autre.

Paul, dans la loi 23, n. t., décide que lorsqu'un gérant paie au nom du maître une dette qui n'existe pas, c'est le gérant qui doit supporter la perte.

3° A Rome, en agissant au nom d'un tiers, on ne pouvait pas lui faire acquérir une action personnelle, le gérant acquérait seul l'action et ce n'était qu'en la cédant au *dominus* au moyen de la *procuratio in rem suam* qu'il lui donnait le moyen d'obtenir l'exécution des obligations qu'il avait fait naître en sa faveur.

Nous trouvons une application de la règle que le gérant doit céder au maître toutes les actions qui viennent de sa gestion dans la loi 48, n. t. de Papinien.

Les obligations dont nous venons de parler sont celles d'un gérant *sui juris* et ayant le plein exercice de tous les droits civils.

Mais si le gérant se trouve être un fils de famille mineur de vingt-cinq ans, un pupille, un affranchi ou un esclave ayant un pécule, il y a quelques précisions à faire.

Nous savons d'abord qu'un esclave ne peut pas être un véritable gérant d'affaires. S'il s'est occupé des affaires d'un tiers, son maître ne sera tenu que *de in rem verso*, s'il a ignoré la gestion. «... *Sive non jussu sed tamen in rem ejus versum fuerit, catenus introducit actionem quatenus in rem ejus versum fuerit, sive neutram eorum sit de peculio actionem constituit.* » (Gaius, l. 1, D. XIV, V).

Si l'esclave, ou le fils de famille (car, aux termes des textes que nous relevons, leur situation est la même), a agi d'après l'ordre du *dominus*, ou du *paterfamilias*, ceux-ci

seront tenus *in solidum*, en qualité d'*exercitores* ou d'*insti-
tores*.

Nous savons que si un gérant, esclave au commencement de sa gestion, a été affranchi avant la fin, il n'est
tenu de l'action *neg. gest.* que pour les actes postérieurs à
son affranchissement, à moins qu'il y ait une connexité
telle entre ceux-ci et ceux qui les ont précédés, qu'on ne
puisse les séparer.

D'après les proculiens, il y aurait un autre cas, où l'affranchi serait tenu, même pour les actes faits *in servitute*.
C'est celui où, en l'affranchissant, on lui aurait laissé son
pécule. L'argument des proculiens est celui-ci : celui qui a
commencé une affaire étant esclave est garant de sa
bonne foi, et il doit, s'il a un pécule, se payer à lui-même
comme gérant, après son affranchissement, ce qu'il devait
au *dominus* avant d'être devenu un véritable *negotiorum
gestor* (l. 18, n. t.).

Paul répond, avec les sabiniens, qu'il est arbitraire de
donner pour condition à la responsabilité du gérant qu'il
ait un pécule; dans tous les cas, l'affranchi est tenu
naturellement, et s'il devait être tenu sur son pécule, dans
l'hypothèse où il en a, il faudrait admettre qu'à défaut de
pécule tous ses autres biens répondraient de son obligation. Or, nous savons le contraire (l. 19, n. t.).

On ne peut pas comparer l'obligation civile qu'un homme
libre peut avoir contractée envers celui dont il est devenu
plus tard le *negotiorum gestor* à l'obligation naturelle de
l'affranchi, relative aux actes faits *in servitute*.

Quant au pupille, d'abord il n'était jamais obligé civilement pour les actes qu'il faisait sans l'autorisation du tuteur. Plus tard, il fut tenu dans la mesure de son enrichissement; et nous trouvons l'application de cette règle au
pupille gérant d'affaires dans la loi 3, § 4, n. t. d'Ulpien : « *Pupillus sane si negotia gesserit, post rescriptum divi*

Pii conveniri potest in id quod factus est locupletior : agendo autem compensationem ejus quod gessit, patitur. »

Pour Cujas, malgré les termes formels de la loi ci-dessus, le pupille ne peut jamais être tenu civilement *sine tutoris auctoritate*, et, d'après ce grand commentateur, il y aurait une erreur dans le texte, il faudrait au lieu de *pupillus* mettre *pupilli*, et de cette façon il s'agirait du cas où le pupille n'est pas *negotiorum gestor*, mais bien *dominus rei*. Mais avec cette correction, il nous semble que le texte du Digeste serait grammaticalement inexplicable; on chercherait vainement un sujet au verbe *gessit*.

Non-seulement nous admettons, quant à nous, que le pupille peut être tenu civilement depuis le *rescriptum divi Pii*, mais nous croyons que cette règle était passée dans la jurisprudence romaine avant cette constitution.

Le rescrit fut surtout utile en ce sens qu'il permit d'accorder l'action du contrat, tandis qu'antérieurement on n'avait que la *condictio*, et que d'un autre côté l'on n'était pas d'accord pour donner la *condictio* quand le profit ne subsistait pas en nature, ou qu'il ne pouvait pas être détaché (1).

Paul dans ses sentences (L. I, T. IX, § 2) fait au mandataire mineur de vingt-cinq ans l'application du principe qui régit les engagements contractés par ces mineurs sans l'assistance de leur curateur (l. 1, § 1, *de minoribus*); il leur permet d'invoquer la *restitutio in integrum*, mais il fait une exception à l'égard des mineurs gérants d'affaires, qu'il prive de ce secours vis-à-vis du *dominus rei*. Cujas donne la raison de cette différence (2). Lorsque le *dominus* donne mandat à un mineur de vingt-cinq ans, il sait à quoi il s'expose, et si plus tard le mandataire invoque la *restitutio*

(1) M. Massol, *Obligation naturelle et morale*, p. 137.
(2) Prior. op., T. I, p. 207.

in integrum, on ne comprendrait pas qu'il se plaignit d'une
chose qu'il pouvait prévoir. Tandis que dans le cas où le
mineur entreprend de lui-même la gestion, l'équité s'oppose à ce que le *dominus* souffre d'une situation qu'il ne
s'est pas créée lui-même.

SECTION II

OBLIGATIONS DU *dominus rei.*

De même que le gérant d'affaires contracte des obligations envers le maître, obligations dont il est tenu par
l'action directe de gestion d'affaires, le maître contracte à
son tour des obligations envers le gérant, et celui-ci peut
en poursuivre l'exécution par l'action contraire de gestion
d'affaires.

Ce caractère de la gestion d'affaires nous paraît tout
naturel si nous nous rappelons que les jurisconsultes qui
ont réglementé cette matière se sont surtout inspirés des
principales règles du mandat.

Le *dominus,* dont l'affaire a été utilement gérée, doit
indemniser le gérant de ce que lui a coûté sa gestion.
(L. 2, n. t.)

Cette proposition nous semble résumer toutes les obligations du *dominus,* et nous allons y rapporter les espèces
dont s'occupent les textes du Digeste.

Il faut que l'affaire ait été utilement gérée; c'est ce que
nous dit la loi 10, D. n. t. « *Is enim negotiorum gestorum
habet actionem qui utiliter negotia gessit; non autem utiliter
negotia gerit qui rem non necessariam vel quæ oneratura est
patremfamilias adgreditur.* »

Nous avons déjà vu qu'une gestion, d'inutile qu'elle était
d'abord, devient utile par l'effet de la ratification du maître.

« *Ratihabitio mandato œquiparatur...*; » le gérant peut alors demander à être indemnisé de toutes ses dépenses, utiles ou non.

Il n'est pas nécessaire, pour dire qu'une gestion donne lieu à l'action *contraria neg. gest.*, que son utilité ait persisté jusqu'à la fin; gestion utile signifie actes d'administration qu'un bon père de famille aurait faits. Dès lors, ce n'est pas l'événement, mais le commencement qu'il faut avoir en vue. S'il s'agit de dépenses faites dans le cours de la gestion, c'est au moment où elles étaient faites qu'il faut les considérer. La même loi 10, nous dit : « *Sufficit si utiliter gessit, et si effectum non habuit negotium...* »

La même règle est naturellement applicable au cas où les affaires gérées utilement appartiennent à une succession. « *Sicut autem in negotiis vivorum gestis sufficit utiliter negotium gestum; ita et in bonis mortuorum licet diversus exitus sit.* » (L. 12, § 2, n. t.)

Pour qu'une affaire soit véritablement utile, il ne suffit pas que les dépenses faites par le gérant donnent une plus-value à la chose, il ne suffit pas même qu'elles aient été nécessaires à sa conservation, il faut qu'elles soit proportionnées à la valeur de l'objet et qu'il soit à présumer que le *dominus* les eût faites lui-même. Dans la loi 10, Ulpien prévoit l'hypothèse où un gérant a fait des dépenses coûteuses sur une maison tombant en ruines pour en prévenir la chute, quoique il fût probable que le maître eût trouvé plus avantageux de la laisser tomber; dans ce cas le *dominus* ne sera pas obligé envers le gérant, et cela, quand même celui-ci aurait cru faire pour le mieux en consolidant la maison : « *Quid si putavit se utiliter facere, sed patrifamilias non expediebat? Dico hunc non habiturum negotiorum gestorum actionem; ut enim eventum non spectemus debet esse utiliter ceptum.* »

Quand nous avons dit que, pour que l'utilité de la gestion

fut admise, il suffisait qu'elle eut existé au commencement, nous réservions évidemment le cas où cette gestion cesserait d'être utile, par la faute ou le dol du gérant. Cette règle qu'à défaut d'aucun texte la raison indiquerait, se trouve consignée dans la loi 22 de Gaius, n. t. Après avoir prévu le cas où un gérant a perdu, à la suite d'un cas fortuit, d'un incendie par exemple, des objets achetés pour un *dominus rei*, et avoir décidé qu'il serait indemnisé, le jurisconsulte ajoute : « *Sed ita scilicet hoc dici potest, si ipsa ruina, vel incendium, sine vitio ejus acciderit, nam cum propter ipsam ruinam aut incendium damnatus sit, absurdum est eum, istarum rerum nomine, quæ ita consumptæ sunt, quidquam consequi.* »

Lorsque la gestion a été utilement faite, le maître est tenu, non pas pour le bénéfice qu'il en a retiré, mais pour le remboursement intégral des dépenses du *negotiorum gestor*. Il doit le rendre complétement indemne : « *Justum est præstari ei quidquid eo nomine vel abest ei, vel abfuturum est.* »

Si la gestion utilement faite, en définitive, ne l'a point été assez économiquement, et si les dépenses du gérant ont été excessives, le *dominus* ne sera obligé de les rembourser qu'à concurrence de celles qui étaient indispensables. « *Si quis negotia aliqua gerens plus quam oportet impenderit, reciperaturum cum id quod præstari debuerit.* » (L. 25, n. t.)

Dans la loi 27, nous trouvons une solution semblable à propos des dépenses voluptuaires : le *dominus* ne doit pas en tenir compte au gérant.

Aux termes de la c. 18 au Code, et de la loi 19, § 4, au Digeste, les sommes remboursables au gérant ne le sont pas seulement en capital, elles produisent un intérêt, le même sans doute qui est dû par le gérant pour ce qu'il doit au maître et que nous avons déterminé en parlant de la loi 38.

Un texte de Paul, relatif à une question d'obligations du *dominus*, a donné lieu à quelques difficultés : c'est le fr. 43 n. t., dont voici l'hypothèse.

Un homme entreprend de gérer la succession d'un *de cujus* qui lui devait cinquante talents ; il dépense dix talents dans sa gestion, puis il vend des objets qui composaient la succession pour une somme de cent talents qu'il enferme dans un coffre qui vient à être volé, sans qu'il y ait de sa faute. On se demande si les héritiers devront au gérant les cinquante talents prêtés, ou les dix employés dans la gestion. Julien et Paul sont d'avis qu'il faut distinguer si, oui ou non, le gérant avait des raisons légitimes pour garder la somme, au lieu de se payer et de payer les autres créanciers de la succession Dans le premier cas, le gérant obtiendra en même temps les cinquante talents qu'il avait prêtés au *de cujus* et les dix qu'il a dépensés dans sa gestion. Dans le cas contraire, non seulement il perdra les cinquante talents qu'il avait prêtés, mais en même temps tout le reste de la somme volée, sauf les dix talents dépensés qu'il aura le droit de retenir.

On se demande pourquoi le gérant, dans ce cas, est mieux traité quant aux dix que quant aux cinquante talents.

Nous remarquons, avec Cujas, que le texte ne dit pas que le gérant a une action pour se faire rembourser les dix talents employés dans la gestion, mais seulement qu'il pourra les retenir (*retenturum*). Or il arrive souvent que ce qu'on n'a pas le droit de poursuivre par une action, on peut le retenir en vertu d'un principe de bonne foi. Certains auteurs ont vu une erreur de glossateur dans la distinction que fait le texte ; pour eux, du moment qu'il s'agit de gestion d'affaires, c'est-à-dire d'une source d'actions *bonæ fidei*, peu importe que l'on soit demandeur ou défendeur; le droit de rétention n'est pas plus avantageux que celui de pétition.

D'autres commentateurs maintiennent le texte tel qu'il est, et l'expliquent en disant que si le maître qui est libéré de son obligation de payer les cinquante talents, dus en vertu du *mutuum*, en perd dix autres, c'est que ceux-ci sont dus en vertu de la gestion d'affaires, qui produit des actions *bonæ fidei*.

L'explication qui nous paraît la meilleure est la suivante qui nous a été donnée par M. Massol : Le jurisconsulte Julien, en donnant l'avis cité par notre fragment, avait en vue l'hypothèse où le gérant, poursuivi par l'action *directa neg. gest.*, est tenu de rendre compte, et il décidait avec raison que la compensation devait être admise pour les dix talents, dus en vertu de la gestion d'affaires, et qu'elle devait être rejetée pour les cinquante donnés en *mutuum*. Ce qui donne une grande vraisemblance à cette interprétation, c'est que Julien vivait sous Adrien, et que Gaius, contemporain de Marc-Aurèle, n'admet lui-même la compensation que *ex eadem causa*. Com. 4, § 61.

Lorsque le *dominus rei* est un pupille, il semblerait que ses obligations devraient être aussi étendues que dans le cas où il est pubère. On fait remarquer qu'il n'y a pas de raison pour limiter les obligations d'un pupille, si ce n'est lorsqu'elles proviennent d'une convention ; on estime que celui qui est trop jeune n'a pas une volonté assez ferme et assez éclairée pour s'engager par une convention. Mais lorsque l'obligation naît d'un fait indépendant de la volonté du pupille, lorsqu'elle provient *ex re*, comme dans le cas de gestion d'affaires, on pourrait croire que la responsabilité du *dominus* pupille ne doit pas être diminuée. Cependant les lois 6, pr. de Julien, et 37 de Paul nous disent formellement que le pupille *dominus* ne sera tenu que dans la mesure de son enrichissement; et le motif qui a déter-

miné les jurisconsultes n'est pas étranger à la nature de
la gestion d'affaires, celui qui gère n'étant pas en général
dans une situation favorable, puisque, comme nous l'avons
dit, *culpa est se immiscere rei ad se non pertimenti.*

La loi 37 que nous venons de citer dit que c'est au moment de la *litis contestatio* qu'on doit apprécier l'enrichissement du pupille. On oppose à cette loi le fr. 47, § 1
de *solutionibus* ; Cujas (1) fait remarquer que dans ce second texte relatif à l'enrichissement du pupille on lit ces
mots : « *Plane etiamsi perierit res ante litem contestatam, in-
terdum quasi locupletior factus intelligitur,* » et c'est à la
solution de ce second texte qu'il s'en tient.

On donne l'explication de l'apparence d'antinomie qui
existe entre nos textes, en s'appuyant sur la suite du paragraphe dont nous venons de citer les premiers mots :
« *... Id est si necessariam sibi rem emit quam necessario de
suo erat empturus ; nam hoc ipso quo non est pauperior factus, locupletior est.* »

La loi 37 est la règle générale ; elle a trait à toutes
les dépenses utiles et exige, pour que le *dominus* pupille
soit tenu, que son enrichissement existe au moment de la
litis contestatio. La loi 47 *de solutionibus,* s'occupe d'un
cas particulier où la dépense n'est pas seulement utile,
mais même indispensable. Dans cette hypothèse, comme le
pupille aurait été obligé, de toute rigueur, de faire la dépense, il s'est enrichi de cette valeur, et même au cas où
la chose aurait péri, il serait plus riche de ce que son gérant l'a dispensé d'employer. Si c'est un copropriétaire du
pupille qui a géré la chose commune, le pupille est tenu
pour le tout par l'action *communi dividundo* (fr. 46,
44, 7).

Si on a géré la chose d'un fils de famille ou d'un esclave

---

(1) *Cujacii posthum. op., T. 2, in lib.* III *Salvii Juliani.*

ayant un pécule, le *paterfamilias* ou le *dominus* sera tenu pendant une année utile (loi 8, *quando de peculio*) jusqu'à concurrence du pécule (loi 6, § 6, n, t, Inst. IV, VII, 4), et après ce délai, il sera tenu *de in rem verso* (l. 6, § 6, n. t., et l. 1, § 1, *de in rem verso*). Le *paterfamilias* est tenu *in solidum*, lorsque la gestion a été faite *in contemplatione patrisfamilias*. (Gaius, Com. IV, §§ 70, 71 ; Inst. IV, VII, 1 et 2.)

Si on a géré l'affaire d'un homme qui était d'abord pupille, fils de famille ou esclave, et qui par la suite est devenu, avant la fin de la gestion, pubère, *paterfamilias* ou affranchi, qu'arrivera-t-il? Paulus, dans la loi 15, n. t., répond à cette question.

En principe, c'est au commencement de la gestion qu'il faut se reporter pour mesurer la responsabilité du maître. Mais si les actes de gestion sont séparés (1), si chacun a été entrepris comme une gestion nouvelle, le pubère, l'affranchi et le *paterfamilias* seront tenus de l'action contraire de gestion d'affaires, pour tout ce qu'on aura géré pour eux depuis qu'ils ont pleine capacité.

Nous savons que, d'après le pur droit civil, on ne pouvait pas être représenté dans un acte juridique par une personne non soumise à sa puissance; il est donc certain que, tant qu'a persisté la rigueur de ce principe, le *negotiorum gestor* était seul engagé vis-à-vis des tiers avec lesquels il avait contracté. Le maître était tenu, par suite, de libérer le gérant de ces obligations. Plus tard le préteur

(1) La loi 10 de Paul nous donne cette règle générale, que lorsqu'on fait plusieurs actes de gestion pour le compte du même *dominus*, un seul fait juridique de gestion d'affaires prend naissance ; à moins que l'on n'ait entrepris le premier acte avec l'intention de s'en tenir à celui-là ; dans ce cas, si à la suite d'une nouvelle détermination, on entreprend un nouvel acte de gestion, c'est une nouvelle gestion d'affaires qui prend naissance.

donna des actions utiles contre le *dominus* aux tiers qui avaient traité avec son *negotiorum gestor*, et réciproquement au *dominus* contre ces tiers.

CHAPITRE III

Des actions negotiorum gestorum.

Nous avons déjà exposé dans les premières pages de notre travail la discussion qui s'est élevée au sujet de l'origine des actions de gestion d'affaires, et nous avons reconnu qu'elles n'avaient pas été instituées par le droit honoraire, mais bien par le droit civil.

Les deux actions de gestion d'affaires sont civiles, personnelles, de bonne foi, perpétuelles et transmissibles aux héritiers ou contre eux.

La loi 23 au Code n. t. est conçue en ces termes : *Negotiis gestis non in rem sed in personam est actio.* Les actions *directa* et *contraria neg. gest.* n'ont pas pour but de constater un droit réel opposable à tout le monde, mais bien de reconnaître l'existence d'un droit de créance entre le gérant et le maître.

Comme nous avons eu plusieurs fois occasion de le dire, la gestion d'affaires, quoique établie par le droit civil, était fondée sur l'équité; les actions qu'elle faisait naître ne pouvaient être que des actions *bonæ fidei*. Aussi Gaius (Com. IV, § 62) et Justinien (Inst. IV, IV, § 28) s'accordent-ils pour les qualifier ainsi.

Nous avons déjà vu une conséquence de cette qualité *bonæ fidei* qui appartient aux actions de gestion d'affaires ; le juge doit tenir compte des intérêts.

Les actions dont nous parlons étaient perpétuelles dans

l'ancien droit romain. Sous Justinien, elles devinrent, comme les actions *in personam*, prescriptibles par trente ans (c. 8, C. n. t.).

Enfin le dernier caractère commun aux deux actions de gestion d'affaires est constaté par la loi 3, § 7, au D. n. t. : « *Hæc autem actio cum ex negotio gesto oriatur et heredi et in heredem competit.* » (Dans le même sens, l. 12, pr. l. 20, n. t.)

SECTION I

ACTION *directa*.

L'action *directa negotiorum gestorum* est celle qui permet au *dominus rei* de se faire rendre compte de la gestion et de contraindre le *negotiorum gestor* à exécuter ses diverses obligations.

Cette action naît du fait même de la gestion ; l'obligation du gérant prend naissance dès qu'il s'occupe de l'affaire d'autrui ; c'est l'obligation première et principale qui naît du fait de son intervention. Voilà pourquoi on appelle *directa* l'action qui en assure l'exécution. L'obligation du *dominus* ne se forme qu'incidemment, aussi l'action donnée contre lui est-elle, par opposition, appelée action *contraria*.

Nous savons que, selon les principes du droit civil, il n'y avait véritablement gestion d'affaires, et par conséquent lieu aux deux actions qui en découlent, que dans les cas où le gérant avait eu l'intention d'obliger le maître.

Mais les jurisconsultes éludèrent plus tard cette rigueur en donnant une action utile dans les cas où, l'intention du gérant manquant, on ne pouvait donner l'action civile.

Du reste, l'action utile différait d'abord de l'action civile par la rédaction de la formule dans laquelle l'*intentio* et la *demonstratio* étaient confondues; plus tard, lorsque le système formulaire eut disparu, l'action utile se rapprocha davantage de l'action directe.

Nous trouvons une hypothèse où il y a lieu à l'*actio directa utilis neg. gest*, dans la loi 22, § 10, *mandati*.

Paul suppose qu'un curateur a fait une vente de biens et qu'il n'a pas distribué le prix aux créanciers dont certains étaient présents et les autres absents; d'abord, en principe, il est à présumer que ceux qui sont présents lui ont donné un mandat tacite et que, quant aux autres, le curateur a eu l'intention de gérer leur affaire: ainsi il sera tenu, vis-à-vis des créanciers présents, par l'action de mandat, et par celle de gestion d'affaires vis-à-vis des absents. Supposons maintenant que les créanciers présents ont donné mandat exprès au curateur de faire la vente; dans ce cas le curateur, n'agissant qu'en vertu du mandat, ne peut pas être regardé comme le gérant d'affaires des absents, et ceux-ci auront l'action *negotiorum gestorum directa* et civile contre les créanciers qui ont donné le mandat. Mais il peut arriver que les créanciers présents ne connaissaient pas l'existence des créanciers absents; dans cette situation, ceux-ci n'ont pas droit à l'action directe proprement dite, et le jurisconsulte leur accorde l'*actio in factum*, qui n'est pas autre chose que l'action utile.

La même personne peut se trouver soumise à la fois et à l'action civile et à l'action utile. Papinien nous offre une hypothèse où il en est ainsi (l. 31, § 1, n. t.). En faisant les affaires de Sempronius, j'ai fait, sans le savoir, une affaire de Titius; me voilà tenu, en vertu des principes que nous connaissons, par une action civile vis-à-vis de Sempronius et par une action utile vis-à-vis de Titius. Pour obvier aux inconvénients d'un tel état de choses, Papinien invite le juge à exiger de Sempronius, s'il exerce son action contre moi, une caution pour me garantir du recours de Titius.

S'il y a eu gestion malgré la volonté du maître, nous savons déjà que le gérant est tenu et non pas le *dominus*; comme ici il n'y a pas véritable gestion d'affaires, c'est l'*actio utilis* qui sera donnée contre le *negotiorum gestor*.

Remarquons que le maître peut intenter l'action en revendication, lorsqu'il veut se faire restituer par le gérant des corps certains que celui-ci détient depuis la gestion, mais qui sont demeurés la propriété du *dominus*.

Pour ce qui a trait à la capacité des parties, lorsqu'il s'agit d'intenter l'*actio directa*, nous avons déjà presque tout dit, en parlant des obligations du gérant. En thèse générale, l'obligation du gérant, naissant *ex re ipsa*, l'action qui en résulte appartient à toute personne capable ou non. Mais les règles ordinaires sur l'exercice des actions sont toujours applicables. Celui qui, comme le *furiosus*, ne peut pas agir par lui-même, ne peut pas intenter l'action directe *neg. gest.* plus que toute autre; c'est le curateur qui devra agir. De même le pupille devra avoir l'autorisation de son tuteur pour intenter cette action.

Si la gestion a porté sur les affaires appartenant à un homme libre, possédé comme esclave, il y aura lieu à une action civile et à une action utile. Si le gérant a su que le *dominus* était un homme libre, il sera tenu vis-à-vis de celui-ci par l'action civile, et par l'action utile vis-à-vis du prétendu maître pour les choses qui, provenant *ex re sua*, doivent *illum sequi*. C'est l'inverse qui aura lieu, si le gérant croyait lui-même le *dominus rei* esclave.

Le *dominus* peut ne pas être une personne physique; on peut gérer l'affaire d'une hérédité, d'une ville, ou de toute *universitas juris*.

Si l'affaire gérée dépend d'une succession vacante, en

vertu de la maxime : « *In plerisque jacens hæreditas defuncti vicem sustinet,* » le défunt est censé le véritable *dominus*, et c'est son héritier qui peut intenter l'action directe.

Dans le cas où l'affaire gérée n'a pu prendre naissance qu'après la mort du *de cujus*, le résultat est le même, mais il ne s'explique pas de la même manière; l'héritier qui a fait adition est censé avoir succédé au défunt du jour de sa mort; ainsi ce sera toujours à l'héritier qu'appartiendra l'action, seulement ici elle naîtra dans la personne, tandis que dans l'hypothèse précédente elle était censée lui venir du *de cujus*.

La loi 19, § 5, de notre titre, applique la fiction du *post liminium*; si le maître a été fait prisonnier, et s'il est ensuite revenu à Rome, il sera censé n'avoir jamais perdu sa qualité de citoyen romain; il aura, par conséquent, l'action directe *neg. gest.* De même la loi 12, pr. applique la fiction de la loi Cornelia : si le maître est mort prisonnier chez l'ennemi, il est censé être mort au moment où il était pris; ses héritiers ont, par suite, l'action directe de gestion d'affaires.

Contre qui l'action *directa negotiorum gestorum* peut-elle être intentée? Nous avons déjà à peu près répondu à cette question dans la partie de notre travail consacrée aux obligations du gérant. Nous savons que l'action dont nous nous occupons peut quelquefois être donnée contre un autre que celui qui a réellement géré. Il en est ainsi lorsqu'un tiers a été la cause directe de la gestion, en donnant, par exemple, mandat à quelqu'un de gérer l'affaire d'autrui.

Nous savons aussi ce qui se passe, dans les cas où le gérant est un fils de famille ou un esclave.

Si le gérant est *sui juris*, mais *furiosus*, son curateur sera actionné (l. 3, § 5, n. t.).

Quand le gérant est un pupille, nous connaissons déjà

dans quelle mesure et depuis quelle époque l'action directe *neg. gest.* est donnée contre lui.

La loi 35, n. t. pr. de Scævola nous offre une hypothèse
remarquable, où on a le choix entre l'action de dot et l'action directe *neg. gest.* plus avantageuse. Un mari, après le
divorce, a continué à gérer la dot de sa femme ; celle-ci
pourra se faire restituer sa dot par l'action *neg. gest. directa*,
et la raison en est celle-ci : le mari se constituant *negotio-*
rum gestor des biens de sa femme devait, avant tout, exiger de lui-même la dot qu'il détenait ; s'il ne l'a pas fait, sa
femme peut donc le forcer par l'action directe *neg. gest.*
L'avantage pour la femme de cette action sur celle de dot,
bien que considérablement atténué par la suite du texte, est
cependant certain. Le mari, qui peut toujours opposer le
bénéfice de compétence, lorsqu'il est poursuivi par l'action
rei uxoriæ, ne l'opposera qu'exceptionnellement et dans
les limites que nous allons indiquer, s'il est poursuivi par
l'action de gestion d'affaires. La loi 20, *de re judicata*, D.,
nous dit bien que le bénéfice de compétence a été étendu
par Antonin le Pieux à toutes les actions qu'intenterait la
femme contre son mari, mais cette règle n'est pas applicable à la femme dans notre hypothèse. En effet, au
moment où elle intente l'action *neg. gest.*, elle n'est plus
l'épouse du gérant. Scævola laisse le bénéfice de compétence au mari défendeur à l'action *directa neg. gest.*, à la
condition qu'il ne lui a pas été possible pendant sa gestion
de payer la totalité de la dot, et cela même lorsque l'impossibilité a résulté non pas de l'insuffisance de ses biens,
mais de circonstances qui l'ont empêché de vendre ses im-
meubles pour réaliser les deniers nécessaires. Malgré
cette faveur faite au mari, la femme aura souvent un grand
intérêt à intenter l'action *neg. gest.*, même dans le cas où
la solvabilité du mari est certaine au moment de la *litis*
contestatio, car nous savons que le bénéfice de compétence
s'applique au moment de la sentence.

SECTION II

L'action *contraria negotiorum gestorum* est donnée au *negotiorum gestor* contre le *dominus rei*, pour se faire indemniser de ses impenses, et se faire libérer des obligations qu'il a contractées à raison de la gestion.

Nous savons que, pour que cette action fut donnée, il fallait que l'affaire gérée l'eût été utilement.

Cette action du gérant ne dérivait pas immédiatement du fait de la gestion, et nous savons que c'est ce caractère qui lui a valu l'épithète de *contraria.*

Le *dominus* n'est tenu que si la gestion a été utile, et même il ne l'est pas toujours dans ce cas.

Dans trois hypothèses très-remarquables que nous avons déjà étudiées et qu'il nous suffit de rappeler ici, le gérant est privé de l'action *contraria neg. gest.* La gestion d'affaires devient alors unilatérale; cela arrive, ainsi que nous le savons :

1° Lorsque le gérant n'est intervenu que *animo donandi*;

2° Lorsqu'il a agi malgré l'opposition expresse du maître (et de nombreux auteurs ramènent ce cas à l'hypothèse précédente, en disant que celui qui a géré malgré le *dominus donasse censetur*);

3° Lorsque le *negotiorum gestor* a agi *lucri vel deprædandi causa*; et nous avons vu que, se fondant sur le principe que nul ne doit s'enrichir aux dépens d'autrui, Labeon accordait dans ce cas au gérant un recours pour se faire indemniser par le *dominus*, dans la limite de l'enrichissement de ce dernier.

De même que pour l'action directe, les jurisconsultes admirent, à côté de la véritable action *contraria negotiorum gestorum*, une action utile pour les cas où la gestion ne présentait pas tous les caractères exigés par le droit civil.

Ainsi, pour ne citer qu'un cas, la loi 3, § 10, donne cette action à celui qui a géré sous l'empire d'une contrainte réelle ou imaginaire.

Dans certaines situations il peut s'élever des doutes sur le choix de l'action ; nous avons vu par exemple, à propos de la ratification et de l'action directe, des difficultés de ce genre. Il s'en présente une nouvelle dans le cas où l'affaire gérée est commune au gérant et au maître. Le gérant aura-t-il toujours l'action contraire de gestion d'affaires, ou bien, selon les cas, l'action *communi dividundo* ou l'action *familiæ erciscundæ?* Telle est la question. Elle se résoud par une distinction formulée dans un texte d'Ulpien (l. 6, § 2, *comm. divid.*).

Si l'acte fait par le gérant s'applique nécessairement à toute la chose indivise, et si le gérant ne pouvait appliquer sa gestion qu'à la totalité, il n'y a pas réellement gestion d'affaires. S'il s'agit d'un communiste ordinaire, il y aura lieu à l'action *communi dividundo*; s'il s'agit d'un cohéritier qui a payé, par exemple, la totalité d'un legs, ou celle d'une dette, pour empêcher la vente du gage, c'est l'action *familiæ erciscundæ* qui sera donnée (1).

Que si, au contraire, l'acte de gestion était de telle nature qu'il pût être fait pour la part seule du gérant, celui-ci, en l'étendant à celle des autres communistes, a bien

(1) Pour combler une lacune, nous devons observer ici que, dans les cas où l'action *contraria neg. gest.* doit être remplacée par les actions particulières aux communistes, ces mêmes actions devront aussi être données à la place de l'action *directa neg. gest.* Ainsi l'action *communi dividundo* serait donnée contre le communiste, pour le forcer à la restitution des fruits communs qu'il aurait perçus dans sa gestion.

réellement géré l'affaire d'autrui, et il aura l'action *contraria negotiorum gestorum* (l. 40, D. n. t.).

Cependant deux textes paraissent en opposition avec le
principe dont nous venons de parler; c'est d'abord la l. 31,
§ 7, de notre titre (Papinien), ainsi conçue : « *Uno defen-
dente causam communis aquæ, sententia prædio datur ; sed
qui sumptus necessarios probabiles in communi lite fecit, negotiorum gestorum actionem habet.* »

D'un autre côté, Paul, dans la loi 10, § 2 *comm. divid.*
s'exprime en ces termes : « *Si per eumdem locum via nobis
debeatur, et in eam impensa facta sit, durius ait Pomponius,
communi dividundo vel pro socio agi posse ; quæ enim com-
munio juris separatim intelligi potest? Sed negotiorum gestorum agendum.* »

Nous devons remarquer que ces deux textes, qui semblent à première vue se concilier difficilement avec notre
système, ont trait l'un et l'autre à des questions de servitude.

Or, nous pensons, avec Cujas, que la servitude n'est pas
une chose indivise, mais une chose appartenant pour le
tout à chacun; elle est due au fond, et celui-ci peut être
commun, mais la servitude ne l'est pas; le copropriétaire
qui veut agir en vertu de son droit peut par conséquent
le faire seulement en son propre nom, et s'il agit au nom
de ses copropriétaires il aura géré l'affaire d'autrui; malgré les apparences, ces textes sont ainsi d'accord avec nos
principes, quand ils accordent l'action *contraria* de gestion
d'affaires dans nos deux espèces. Mais comme le gérant a
eu en vue surtout son intérêt personnel, nous pensons que
l'action accordée ne sera qu'une action *utilis*.

Nous expliquons d'une manière à peu près semblable
une solution de Sévère rapportée par Julien dans la loi
30, n. t. Voici l'hypothèse. Un curateur a été nommé par
la curie pour acheter du froment, et il lui a été adjoint un

sous-curateur qui, par un mélange, a gâté le froment acheté
au point d'en faire perdre le prix au curateur ; on se de·
mande si celui-ci aura un recours contre le sous-curateur;
et le jurisconsulte lui accorde l'action *contraria neg. gest.,*
pourvu qu'il ne soit pas complice de la fraude.

Plusieurs auteurs ne voient dans cette loi qu'une solution particulière, en dehors des principes de notre matière,
et pensent que Julien n'a pas voulu donner à l'opinion de
Valère le poids de son autorité en la rapportant. Certains,
même, croient que Julien avait sans doute fait suivre cet
avis de Valère d'une réfutation qui aura été supprimée par
les rédacteurs des Pandectes.

Il nous semble qu'il n'est pas besoin de chercher des
explications aussi peu probables, et que la solution de notre texte n'a rien de singulier; elle s'explique comme les
deux lois relatives à des servitudes, et s'applique à tous les
cas où un codébiteur a payé en connaissance de cause
une dette *in solidum.* Le curateur et le sous-curateur sont
tenus chacun pour le tout ; il y a deux obligations, et le
curateur savait en exécutant la sienne qu'il faisait l'affaire
du sous-curateur; mais comme son but principal a été de
se libérer de son obligation personnelle, c'est seulement
l'action *contraria utilis neg. gest.* qui lui sera donnée.

Le gérant a quelquefois un autre recours ; il peut
dans certains cas exercer l'action originaire du créancier
qu'il a payé. Par exemple s'il a payé volontairement une
dette du *dominus,* il peut so faire constituer *procurator in
rem suam* par le créancier, pourvu que celui-ci y consente.

De même, si le gérant d'affaires s'est porté fidéjusseur,
il peut en cas de poursuites exiger du créancier la ces-
sion des actions.

Ce que nous disions de la capacité en matière d'action
directa, peut s'appliquer aussi à l'action *contraria ;* le maître
est obligé, si la gestion est utile; sa volonté n'entre pour
rien dans la génération de l'obligation.

Nous faisons la même observation pour ce qui concerne les captifs, les successions, les municipes, etc., dont les affaires ont été gérées.

L'action dont nous nous occupons n'était pas le seul moyen offert au *negotiorum gestor* pour rentrer dans ses déboursés; il pouvait en outre, quand il était poursuivi par l'action directe, opposer soit le droit de rétention, soit la compensation.

Le droit de rétention est, d'une manière générale, le droit qu'a le débiteur d'une chose certaine qu'il détient d'en conserver la détention jusqu'au paiement de ce qui lui est dû à raison de cette chose.

Ce droit était admis par les principes généraux à Rome; il avait son effet, *ipso jure*, dans les actions de bonne foi, par conséquent dans les actions *negotiorum gestorum*, et on le faisait valoir *exceptionis ope* dans les actions *stricti juris*. D'après un grand nombre d'auteurs, le droit de rétention est un droit réel.

Dans les cas où le gérant ne peut pas opposer le droit de rétention, par exemple, s'il s'agit de choses fongibles et non point de corps certains, la compensation pourra être admise par le juge; il faudra pour cela que les choses dues par le maître soient liquides; avant Marc-Aurèle, la compensation n'avait pas lieu *ex dispari causa*, mais la constitution de cet empereur l'admit dans tous les cas; ce nouveau caractère la distingua encore du droit de rétention, qui supposait une connexité entre la créance du rétenteur et la chose retenue.

Si ces droits de rétention et de compensation n'avaient pas été opposés par le gérant, il avait l'action *contraria*, mais remarquons, en finissant, que si la compensation opposée par le gérant avait été rejetée par le juge, l'action contraire ne pouvait plus être donnée : il y avait chose jugée (l. 8, § 2, D. n. t.).

DROIT FRANÇAIS

DE LA GESTION D'AFFAIRES

PROLÉGOMÈNES

Notre législation moderne, dans sa classification la plus large des obligations, les distingue en deux grands genres, les obligations conventionnelles, et les engagements (1) qui se forment sans convention.

Le second genre est lui-même subdivisé par le Code en engagements résultant :

1° De l'autorité seule de la loi ;

2° Des quasi contrats ;

3° Des délits;

4° Des quasi délits.

La plupart des commentateurs du Code relèvent une erreur dans cette classification donnée par l'art. 1370.

(1) Bien que grammaticalement il n'y ait pas de différence à faire entre le sens du mot obligation et celui du mot engagement, la loi emploie plus volontiers ce dernier, lorsque le lien de droit ne résulte pas d'une convention.

Les uns, soutenant que la loi seule peut faire naître des obligations civiles, s'étonnent que le Code ne la désigne que comme une des cinq sources d'obligations qu'il énumère.

D'autres interprètes de notre législation estiment que les conventions ont en elles-mêmes une force obligatoire *qui répond aux idées de liberté et de moralité humaines.* La loi ne leur paraît pas être la source des obligations conventionnelles, mais intervenir seulement *ex post facto,* pour en assurer l'exécution. Dans ce système, il ne resterait véritablement que deux sources d'obligations : les conventions et la loi ; et on proposerait de remplacer la rédaction de l'art. 1370 par celle-ci : « Outre les obligations conventionnelles, certains engagements se forment sans convention; ils sont établis par la loi, soit qu'ils résultent involontairement de son autorité seule, soit qu'ils en résultent à l'occasion d'un fait personnel à celui qui est obligé, ou envers lequel on est obligé. Ce fait constitue un quasi contrat, un délit ou un quasi délit. »

Nous admettons cette théorie, mais nous pensons que le Code l'a consacrée lui-même. Le législateur voulant énumérer les diverses espèces d'engagements qui se forment sans convention, a commencé par parler de ceux qui résultent de l'autorité *seule* de la loi. Avoir employé ce mot *seule,* c'est, nous paraît-il, avoir voulu dire implicitement que l'autorité de la loi était aussi un des éléments générateurs des autres obligations qui allaient être énumérées

Du reste l'art. 1370 manque complétement de précision. Nous y lisons : « Certains engagements se forment, sans qu'il intervienne aucune *convention,* ni de la part de celui qui s'oblige, ni de la part de celui qui est obligé... » Le législateur, et après lui MM. Toullier et Duranton qui se sont servis des mêmes termes, parlent ainsi d'une convention où ne serait intervenue qu'une seule volonté, ce qui serait contraire à l'essence même de la convention. Les termes de la définition que nous rapportons plus haut sont beaucoup plus justes, et empruntés à Pothier.

L'explication de l'art. 1371, qui définit les quasi contrats, va nous donner l'occasion de relever une dernière inexactitude dans l'art. 1370, qui semble, en matière de quasi contrat, consacrer une nouvelle théorie, en ne faisant pas découler les obligations réciproques des parties de la même source.

A Rome, ainsi que nous avons eu occasion de le dire, on ne connaissait pas le quasi contrat ; mais les législateurs ayant à s'occuper des obligations naissant, sans convention, de mille faits divers, voulurent les classer et distinguèrent d'abord celles qui leur parurent se rapprocher plutôt des obligations dérivant des contrats que de celles provenant des délits; ils les désignèrent par cette périphrase : « Obligations naissant comme d'un contrat. »

Notre ancienne jurisprudence, au lieu de se contenter, comme l'avait fait, avec plus de raison, le droit romain, de qualifier les obligations elles-mêmes, voulut donner un nom au fait générateur de l'obligation. Elle créa le nom de quasi contrat. Ce nom de quasi contrat, employé par Pothier, n'était pas même connu à l'époque de Bouteillier, qui ne parle que d'obligations nées comme d'un contrat : « car souventes fois advient qu'un homme n'est pas formellement par paroles ou par lettres obligé à un autre, et toutesfois par raison et vray entendement il est tenu et submis à luy faire certaine chose qui peust être comme si j'ay faict à aucun quelque service ; jaçoit ce qu'il n'a pas commandement de ce faire, ou que lié n'y soit pas par contract, il est tenu à moy et est mon obligé, ainsi comme par contract, ar nul ne doit tenir le bienfaict d'autruy sans rémunération (1). »

Les rédacteurs de notre Code, dont Pothier a été le principal guide, n'ont pas adopté la théorie complète du vieux droit, qui regardait les quasi contrats, à peu près comme des contrats présumés ou imparfaits; mais ils se sont servis de la même expression, et l'art. 1371 du Code N. s'exprime en ces termes : « *Les quasi contrats sont les faits purement volontaires de l'homme dont il résulte un engagement quelconque envers un tiers et quelquefois un engagement réciproque des deux parties.* »

L'article suivant donne, comme premier exemple de quasi contrat, la gestion d'affaires; et si nous comparons la définition du quasi contrat donnée par le Code à la théorie de la gestion d'affaires en droit romain, nous trouvons un même système, qui fait découler du fait du gérant, non-seulement son obligation, mais encore l'obligation réciproque du maître.

Telle n'est pas la théorie qu'avait semblé consacrer l'art. 1370, qui oppose aux engagements résultant de l'autorité seule de la loi ceux *qui naissent d'un fait personnel à celui qui se trouve obligé*, qu'ils résultent des quasi contrats, des délits ou des quasi délits. D'après ce système, l'obligation du gérant résulterait du quasi contrat, et celle du maître naîtrait de l'autorité seule de la loi. L'historique de notre matière prouve bien que c'est le système de l'art. 1371 qui doit être préféré ; ni le droit romain ni le vieux droit français n'ont séparé les obligations réciproques de gestion d'affaires. Doneau définit le quasi contrat : « *Factum non turpe quo, aut is qui fecit alteri, aut alter ei, aut uterque alteri, sine consensu obligatur.* » De même Pothier nous dit que le quasi contrat est « le fait d'une personne,

(1) *Somme rural.* Titre XXV.

» permis par la loi, qui l'oblige envers une autre, *ou*
» *oblige une autre personne envers elle*, sans qu'il inter-
» vienne aucune convention entre elles. » Enfin l'art. 1371
du C. civil parle de *l'engagement réciproque* résultant du
quasi contrat.

Notons, en terminant ces prolégomènes, une omission
regrettable dans la définition de l'art. 1371. Le législateur
a négligé dans sa définition de parler d'un élément essentiel du quasi contrat ; il n'a pas dit que le fait purement
volontaire dont découlent les obligations réciproques des
parties devait être licite ; or c'est là ce qui distingue le
quasi contrat du délit et du quasi délit.

DE LA GESTION D'AFFAIRES

CHAPITRE Ier

Origine et Définition.

En traitant de l'origine de la gestion d'affaires, en droit romain, nous avons essayé d'expliquer comment une double idée d'équité et d'utilité publique avait peu à peu fait naître les règles de cette matière. Si nous recherchons dans les monuments de notre droit national l'historique du quasi contrat de gestion d'affaires, nous retrouvons l'influence des mêmes motifs. Aussi notre législation française, en ce qui touche la matière dont nous nous occupons, est le plus souvent conforme au droit romain.

L'immixtion d'une personne dans les affaires d'autrui serait une faute, si rien ne l'appelait; mais elle peut souvent être d'une très grande utilité particulière, et même publique, dans les nombreuses circonstances où le *dominus* se trouve, sans l'avoir prévu, empêché de s'en occuper lui-même.

D'abord notre vieux droit, comme le vieux droit romain, fut très-peu favorable à la gestion d'affaires. Beaumanoir s'exprime dans les termes suivants: «... Or y a encore autre manière de service ; si comme cix qui s'entremettent de servir autrui sans mandement et sans prière et sans être loué ou convenancié; et cette voie de service si est moult

périlleuse à ceux qui s'en entremettent.... » Et plus loin,
Beaumanoir ajoute que le danger auquel est exposé le gérant est double ; il peut d'abord être privé de tout recours
pour ses impenses, et de plus il court le risque d'être confondu avec un voleur, lorsqu'il s'emparera de la chose
d'autrui pour la gérer (1).

Au XIV⁰ siècle nous trouvons, dans le *Somme rural* de
Bouteiller, la position du gérant bien améliorée; et le titre
consacré à la gestion d'affaires (2), que le jurisconsulte
coutumier appelle *besognes faites sans le commandement de
celuy pour qui ce est fait*, ne fait que reproduire à peu près
les anciennes règles romaines.

«... Comme amy, sans que ce fut en procès ne devant
juge où il y ait contend, car là ne se pourrait le faiseur de
besognes d'aucun porter fort sans procuration ; mais en
prendre garde à la chose de aucun par amitié sans procuration se peut bien faire et de raison Et que par tel amy
sera fait pour autre doit être accepté de celuy pour qui
c'est tourné à profit et doit et est tenu à celuy qui ce service luy a fait, les mises et despés que force pour luy aura
fait et presté raisonnablement. Et à ce est tenu de droit
de besognes faites que les cleres appellent *de negotiis
gestis.* »

Domat, dans son livre *les Loiscivilies* (t. 1, l. II, t. 1),
expose aussi la théorie romaine sur notre matière ; enfin
Pothier, dans son ouvrage sur les contrats de bienfaisance,
a fait un traité complet de la gestion d'affaires, où il a
affirmé à peu de chose près les principes du droit romain,
et a expliqué de nombreuses espèces tirées du Digeste.

Notre Code civil, lorsqu'il s'est agi de réglementer la
gestion d'affaires, s'est beaucoup inspiré, comme toujours,

(1) Coutumes de Beauvaisis, T. I, ch. XXIX, n⁰ 12.
(2) T. LIII, p. 334.

des œuvres de Domat et de Pothier ; il a dû, par conséquent, reproduire bien des règles du droit romain sur
notre matière. Aussi, dans les cas où la lettre du Code
nous paraîtra obscure, c'est naturellement dans le droit
romain que nous chercherons un élément d'interprétation.

En nous occupant du quasi contrat de gestion d'affaires,
dans notre droit actuel, nous aurons à rappeler sommai-
rement les dispositions du droit romain, que notre Code
nous semblera avoir consacrées, et à étudier celles que les
progrès du droit ont fait changer.

Le Code, en employant l'expression *quasi contrat*, in-
connue en droit romain, n'a pas voulu, comme l'ont soutenu certains auteurs, consacrer la théorie de Pothier,
pour lequel la gestion d'affaires n'était « *qu'une espèce de mandat fictif et présomptif.* » La loi, et surtout la loi moderne,
n'a eu aucun besoin de fictions pour établir les règles du
quasi contrat de gestion d'affaires. Les véritables raisons
qui l'ont déterminée à sanctionner les engagements dont
nous allons nous occuper, sont tirées des nécessités de la
vie sociale et des principes d'équité naturelle. Ainsi que le
fait remarquer Toullier, « faire naître l'obligation du consentement tacite, serait confondre le quasi contrat avec le
contrat. »

Les obligations résultant du quasi contrat de gestion
d'affaires sont généralement synallagmatiques; il y a obligation naissant du quasi contrat, du côté du gérant et de
celui du maître. Mais dans quelques cas, lorsque certains
éléments manquent, il peut, comme nous le verrons plus
tard, n'y avoir véritables obligations de gestion d'affaires
que d'un seul côté; quant à l'autre partie, elle n'est pas
tenue par le quasi contrat, mais elle peut l'être en vertu
des principes primordiaux de toute législation et principalement de celui que nous citions en droit romain :

« *Jure naturæ æquum est neminem cum alterius detrimento et injuria fieri locupletiorem.* »

Cette observation faite, nous n'hésitons pas, malgré une vive controverse dont nous parlerons un peu plus loin, à répéter ici à peu près la définition que nous donnions, en droit romain, de la gestion d'affaires.

Dans notre droit actuel, pour qu'il y ait quasi contrat de gestion d'affaires, produisant engagements réciproques de la part du maître et du gérant, il faut que celui-ci ait géré volontairement la chose d'autrui, sans en avoir été chargé, et avec la volonté d'obliger un tiers et de répéter ses impenses. (Dans le dernier état du droit romain, après la création de l'action utile *neg. gest.*, cette même définition était déjà complétement juste.)

Hors ce cas, nous verrons sous l'influence des mêmes idées d'équité, tantôt se produire un quasi contrat unilatéral, tantôt naître des engagements analogues à certains de ceux qui résultent du quasi contrat; et on ne doit pas s'étonner que des auteurs confondent ces diverses obligations, sous l'empire de notre Code qui ne s'attache pas aux noms des actions.

D'après notre définition, quatre éléments sont essentiels à l'existence de la gestion d'affaires en tant que quasi contrat produisant des obligations réciproques; et nous allons étudier successivement ces conditions dans l'ordre que nous avons suivi en droit romain.

SECTION I

IL FAUT QUE LE GÉRANT AIT AGI VOLONTAIREMENT.

De l'étude comparée que nous avons déjà faite des art. 1370 et 1371, il résulte que c'est à tort que l'art. 1370 fait dériver de l'autorité seule de la loi tous les engagements formés involontairement; le législateur n'entendait parler, en s'exprimant ainsi, que des obligations qui naissent sans aucun fait personnel de l'homme.

En matière de gestion d'affaires, il est certain qu'il n'y a pas de fait volontaire de la part du *dominus* ; et cependant nous savons que son obligation ne dérive pas de l'autorité seule de la loi, mais bien du quasi contrat, c'est-à-dire du fait du gérant.

Les mots *volontaire*, dans l'art. 1371, et *volontairement*, dans l'art. 1372, répondent à un autre ordre d'idées bien différent.

Il ne s'agit dans notre Code, comme en droit romain, que de distinguer par ces mots les engagements résultant d'un fait dont le gérant pouvait s'abstenir de ceux qui résultent de l'autorité seule de la loi ou d'une convention, et auxquels on ne peut point se soustraire, comme les obligations des tuteurs et des autres administrateurs qui ne peuvent refuser la fonction qui leur est déférée.

Ainsi, nous n'entendons dire qu'une chose, en affirmant que pour qu'il y ait quasi contrat le gérant doit avoir agi volontairement : à savoir, qu'il faut qu'il n'ait pas été forcé à gérer par la loi ou par une convention.

Il n'y a pas, par conséquent, quasi contrat de gestion d'affaires dans le cas où une personne fait sur la chose d'un tiers une dépense à laquelle elle est obligée par un contrat. Ainsi, chaque fois qu'une convention met à ma charge, comme si je suis locataire, dépositaire, emprunteur (1), etc., la conservation de la chose que je détiens, les dépenses qu'elle m'occasionne ne peuvent pas faire l'objet d'une action de gestion d'affaires. Il n'y a pas actes de gestion volontaire.

L'usufruitier est tenu de faire à ses frais les dépenses

(1) Art. 1728, 1027, 1880.

d'entretien nécessaires à la conservation du fond ; et aux termes de l'art. 599, il n'a droit à aucune indemnité, même pour la plus-value qu'il a pu lui donner. Mais quant aux grosses réparations, l'art. 605 les met à la charge du nu-propriétaire.

Nous pensons que dans le cas où l'usufruitier fait l'avance de ces grosses réparations, il devient le véritable gérant d'affaires du nu-propriétaire. En effet, il n'est pas tenu, en raison de sa position, de faire des avances; s'il les fait, c'est volontairement et dans l'intérêt direct d'un tiers, bien qu'il puisse y avoir utilité pour lui-même. (Nous expliquerons un peu plus loin que la gestion doit être faite dans l'intérêt d'un tiers, pour qu'il y ait véritable quasi contrat.) L'intérêt que l'usufruitier a lui-même dans ces réparations lui permettra même de les faire contre la volonté du nu-propriétaire, si celui-ci s'y oppose malgré leur urgence.

Nous devons remarquer cependant une différence entre la position de l'usufruitier qui a fait de grosses réparations, et celle d'un gérant d'affaires ordinaire. En thèse générale, ainsi que nous le verrons plus loin, le maître doit l'intérêt des dépenses du gérant, à partir du jour où elles ont été faites. Tandis que nous pensons qu'en raison du caractère de l'usufruit, l'usufruitier n'aura droit aux intérêts des dépenses consacrées aux grosses réparations, qu'à partir du jour de l'extinction de l'usufruit (argument de l'art. 609).

SECTION II

IL FAUT QUE LA GESTION AIT EU POUR OBJET L'AFFAIRE D'UN TIERS.

Cette condition essentielle à l'existence du quasi contrat, suffisamment indiquée d'ailleurs par le bon sens, est formulée dans les premiers mots de l'art. 1372 de notre Code civil.

Si une personne, croyant gérer l'affaire d'autrui, n'a géré que la sienne propre, de même qu'en droit romain, il ne naîtra aucune obligation.

De même aussi qu'en droit romain, nous devons remarquer ici qu'il n'est pas nécessaire que le *dominus* soit une personne physique; le quasi contrat existera avec tous ses effets dans le cas où la gestion aura pour objet les biens d'une personne morale ou fictive, telle qu'une succession vacante, par exemple.

Si la gestion a porté sur une affaire commune au gérant et à un tiers, il y aura quasi contrat pour la gestion de la part du tiers. On ne pourrait pas, par conséquent, refuser à celui qui aurait réparé une maison indivise l'action *contraria* de gestion d'affaires, pour se faire rembourser une partie de ses impenses.

Toute opération, de fait ou de droit, concernant les biens actuels d'autrui, constitue le quasi contrat; la gestion peut ne s'appliquer qu'à une affaire comme en comprendre plusieurs, et en nous occupant des obligations qui dérivent du quasi contrat, nous verrons que, pour avoir entrepris de gérer une affaire d'un tiers, le *negotiorum gestor* n'est pas tenu de les gérer toutes.

Pour que l'élément essentiel que nous étudions ne fasse pas défaut à la gestion, il n'est pas nécessaire que l'affaire gérée soit, dans le sens rigoureux du mot, celle de la personne qui se trouve obligée; il suffit que celle-ci ait intérêt à sa gestion: par exemple qu'elle en soit chargée. Ainsi en gérant les affaires d'un pupille, on gère celles du tuteur, puisqu'on fait ce qu'il devrait faire lui-même.

Mais il faut que l'intérêt à l'affaire existe d'une manière actuelle et spéciale, au moment de la gestion. Si donc, en gérant les affaires d'un débiteur, Primus a, par sa bonne administration, amélioré son patrimoine, et par suite, augmenté les chances d'être payés de ses créanciers chirographaires, nous n'admettons pas l'existence du quasi contrat entre lui et les créanciers du maître; ceux-ci n'ont, en effet, aucun droit actuel et déterminé sur le patrimoine administré.

Si, au contraire, la gestion avait porté sur un bien soumis à des droits de préférence, l'intérêt des créanciers privilégiés ou hypothécaires serait concomitant avec la gestion, et parfaitement déterminé; le quasi contrat *negotiorum gestorum* prendrait par conséquent naissance.

Sous l'empire de notre législation, de même qu'en droit romain, le maître peut s'approprier par ratification une affaire qui lui était étrangère d'abord. Cependant remarquons qu'aujourd'hui, comme autrefois, il peut se trouver des affaires que le *dominus rei* serait dans l'impossibilité de se rendre propres en les ratifiant. Si, par exemple, un gérant, croyant gérer les affaires de Primus, a fait des dépenses pour consolider la maison chancelante de Secundus, il est certain que la ratification que Primus pourrait faire de ces dépenses ne le ferait bénéficier en rien de l'opération, et par suite ne ferait naître aucune action entre lui et le gérant. Mais il pourrait arriver que Primus eut pris, en connaissance de cause, l'engagement d'indemniser le gérant, agissant ainsi à la place et pour le compte de Secundus. Dans ce cas, Primus serait tenu de remplir son engagement, en vertu de la convention intervenue, et non de la gestion d'affaires.

Nous reviendrons plus loin sur la matière de la ratification, et nous en étudierons les effets à d'autres points de vue.

Une action en justice peut-elle être l'objet d'une gestion d'affaires? Nous pensons que non.

Déjà, dans notre vieux droit, nul ne pouvait plaider pour

autrui, sans en avoir reçu mandat exprès. Nous lisons dans Bouteillier (1) : « Que procureur sans procuration n'est à recevoir, ne ce que faict serait par luy ne vault : supposé que jusques à sentence y fust procédé et sentence donnée, si serait inutile, car il n'y aurait point de partie, ce que jugement fault.... » Et plus loin... « Mais en païs coustumier nul n'y est reçu en demandant n'en deffendant par procureur sans procuration. » Cette règle s'est perpétuée dans tout notre droit ancien, et est passée, croyons-nous, dans notre code de procédure, bien qu'aucun article ne la formule expressément. La représentation est admise dans toute instance, dans le cas où la partie a donné mandat à quelqu'un d'intervenir en son nom, mais à cette condition seulement. La preuve que les auteurs du code de procédure, loin de bannir le principe de notre vieux droit, ont entendu le consacrer, c'est qu'ils n'ont exigé aucune sûreté de la part de celui qui intenterait une action en qualité de gérant d'affaires. Nous ne pouvons pas croire que s'ils avaient voulu reconnaître la possibilité de plaider pour autrui, sans en avoir reçu mandat, ces législateurs eussent négligé d'obliger le gérant qui entreprendrait un procès au nom du maître à fournir caution, pour assurer à l'adversaire, dans le cas où le maître ne ratifierait pas, le bénéfice d'un jugement rendu en sa faveur.

SECTION III

IL FAUT QUE LE GÉRANT AIT AGI DANS L'INTÉRÊT D'UN TIERS ET AVEC LA PENSÉE DE RÉPÉTER SES IMPENSES.

Nous avons cherché, en droit romain, à indiquer les différentes phases par lesquelles est passée l'institution de la gestion d'affaires, relativement à la nécessité de l'inten-

(1) Somme rural. Des procureurs. T. X, p. 44. Édition MDCXI.

tion officieuse du gérant. Nous savons que, d'après les principes du droit civil, le *negotiorum gestor* avait dû primitivement avoir l'intention de rendre un service au *dominus rei* et
de répéter de lui ses impenses; mais que plus tard, sous l'influence des principes d'équité, on en arriva à donner l'action utile *negotiorum gestorum*, pourvu que le gérant eut
voulu obliger une personne quelconque autre que le
maître.

Aujourd'hui, et sous l'empire de notre Code, il faut aussi,
pour que le quasi contrat de gestion d'affaires existe avec
tous ses effets, que le gérant ait agi dans l'intérêt d'un tiers
et avec l'intention de répéter ses impenses.

Des auteurs nombreux et du plus grand mérite contestent la nécessité de cette condition en thèse générale; ils
ne pensent pas que l'intention doive être considérée en
matière de gestion d'affaires. Mais il nous semble que les
partisans de ce système se mettent dans la nécessité d'admettre un tel nombre de dérogations à leur principe, qu'il
est plus juste d'appeler règle ce qu'ils appellent exceptions.

Il nous paraît, d'un autre côté, que plusieurs de ces ju-
ristes, après avoir soutenu qu'il y a lieu aux actions de
gestion d'affaires, dans les cas nombreux où l'intentions
d'obliger manque, avouent que les obligations, celles du
maître notamment, changent dans ces hypothèses. Or,
c'est précisément la seule chose que nous entendons dire,
en soutenant qu'il n'y a pas quasi contrat, au moins synallagmatique, si l'intention d'obliger et de répéter ses impenses fait défaut.

En affirmant la nécessité de cette troisième condition
à l'existence du quasi contrat synallagmatique nous sommes fidèle aux principes du droit romain en cette matière,
principes admis aussi dans notre vieux droit (1) et qu'aucun passage du Code n'a abrogé.

(1) Pothier, quasi contrat neg. gest. NN. 185-187.

Les hypothèses dans lesquelles l'intention d'obliger, ou celle de répéter les impenses, font défaut, peuvent être ramenées à celles prévues par les art. 555 et 1384, et celles où le gérant a agi soit *animo donandi*, soit *animo deprædandi*, soit *invito domino*.

Aussi allons-nous nous occuper de chacun de ces cas en particulier.

L'art. 555, s'occupe des droits du possesseur, qui a fait des constructions, ou des plantations, sur le fonds d'autrui, et distingue s'il a été possesseur de bonne ou de mauvaise foi. Il est certain que d'après le système de ceux qui ne veulent pas considérer l'intention, mais seulement le fait du gérant, dans les deux cas il y aurait gestion d'affaires; mais telle n'est pas la solution donnée par la loi. Si le possesseur est de bonne foi, le maître gardera les constructions, à la condition de payer le coût des dépenses ou la plus-value effective de son fonds, à son choix. S'il est de mauvaise foi, le possesseur sera plus sévèrement traité; car le maître pourra l'obliger à détruire à ses frais les travaux exécutés ; dans les deux cas, l'utilité des travaux n'est pas considérée au moment où ils ont été faits, comme elle devrait l'être si les principes de la gestion d'affaires étaient appliqués. (Nous aurons bientôt occasion d'établir qu'en ce qui touche le moment où l'utilité de la gestion doit être constatée, les principes de notre Code sont les mêmes que ceux que nous avons exposés, en droit romain.)

Le législateur n'a voulu donner, dans nos deux hypothèses, au gérant, que le recours basé sur le grand principe que nul ne doit s'enrichir aux dépens d'autrui. L'action accordée est celle que les praticiens français appellent *de in rem verso.*

Un auteur (1) exprime parfaitement le motif qui a dicté

(1) Demolombe, *Distinction des biens,* T. I, N. 687.

l'art. 555, en disant : « Le tiers possesseur a fait faire des réparations sur une chose qu'il croyait sienne; il les a donc fait faire pour lui, dans son intérêt. Dès lors, l'unique obligation du propriétaire qui reprend sa chose ne se bornera-t-elle pas à ne pas s'enrichir aux dépens de ce possesseur ? »

De même tout le monde est d'accord pour admettre que dans le cas de l'art. 1381, pour que le possesseur, même de mauvaise foi, puisse obtenir le remboursement de ses dépenses sur la chose d'autrui, il faut que leur utilité existe au moment de la demande. Ce n'est pas l'action de gestion d'affaires, par conséquent, qui est accordée; et cela est conforme à notre système, puisque dans cette hypothèse l'intention officieuse fait défaut.

Si une personne a entrepris la gestion de l'affaire d'autrui, *animo donandi*, c'est-à-dire sans intention de répéter ses impenses, la raison indique qu'il n'y aura pas quasi contrat synallagmatique; le gérant a, dans ce cas, renoncé par avance aux obligations du maître à son égard; il y a donation de sa part.

Ainsi Primus paie une dette contractée par Secundus avec l'intention bien manifestée de ne jamais lui rien réclamer, l'action de gestion d'affaires ne naît pas à son profit.

Nous reconnaissons parfaitement, d'ailleurs, que le quasi contrat subsiste en tant qu'unilatéral, et que le maître aura, dans notre hypothèse, l'action de gestion d'affaires contre le gérant, pour la reddition des comptes.

Tous les auteurs et la jurisprudence (1) sont d'accord pour ne pas présumer facilement cette intention de gra-

(1) Pothier, quasi contrat neg. gest. Nº 100. Un arrêt de la Cour de Metz, 8 janvier 1833, n'admet pas la présomption de libéralité même pour des aliments fournis. Dalloz, Paternité, Nº 680.

tifier, et Pothier rappelle à ce sujet la règle latine :
« *Nemo donare præsumitur.* »

Le même jurisconsulte parle au paragraphe suivant de
circonstances qui, prises séparément, ne suffiraient pas
pour faire admettre l'*animus donandi*, mais qui réunies le
font présumer. Ces circonstances sont les suivantes :

1° Si le gérant et le maître sont unis par des liens de
parenté assez étroits;

2° Si le gérant était riche et le *dominus* pauvre;

3° Si les frais sont modiques;

4° Si le gérant n'a pas répété ses impenses pendant
tout le temps qu'il a vécu, quoiqu'il ait vécu longtemps
depuis;

5° Si, depuis la gestion, les parties ont eu plusieurs comptes à se rendre, et si elles n'ont fait entrer les frais de
cette gestion dans aucun.

Il est bien entendu que ces présomptions tombent devant la preuve contraire. Dans chaque espèce, où l'esprit
de libéralité semble se rencontrer, il y a une question de
fait à apprécier.

Si le gérant a agi *animo deprædandi*, c'est-à-dire dans
un but égoïste et purement personnel, nous n'hésitons pas
à lui refuser l'action de gestion d'affaires à l'encontre du
maître. Pothier, Toullier et Larombière, qui semblent dé-
fendre le système opposé, nous paraissent au fond d'accord avec les jurisconsultes qui n'accordent qu'une action
de in rem verso au gérant, dans le cas qui nous occupe.
En effet, la seule chose que nous soutenons, c'est que, pour
qu'il y ait quasi contrat produisant obligations réciproques
et complètes, et pour que le gérant puisse, par conséquent,
se faire rembourser toutes ses impenses à la seule condition qu'elles aient été primitivement utiles, il faut une intention officieuse.

Mais nous admettons parfaitement que, dans le cas où

le gérant n'a pas voulu rendre un service, il n'est pas privé de tout recours; il a toujours le droit de se faire indemniser par le maître, mais seulement dans les limites de l'enrichissement actuel de ce dernier.

On n'a qu'à lire avec attention les auteurs que nous citons pour se convaincre que la discussion sur notre matière est une sorte de querelle de mots, et que l'action de gestion d'affaires qu'ils accordent se réduit à ce que d'autres appellent action *de in rem verso*.

L'analogie entre notre cas et celui de l'art. 555, précédemment expliqué, est du reste complète, et nous ne comprendrions pas qu'une autre théorie lui fut appliquée.

Si quelqu'un a fait l'affaire d'autrui, croyant faire la sienne, sa gestion rentrera dans le cas de celles qui nous occupent; l'intention purement personnelle est constante; et Pothier critiquant la rigueur du droit civil romain, qui refusait dans ce cas l'action de gestion d'affaires, s'exprime dans les termes suivants : « Mais l'équité, qui ne permet pas qu'on s'enrichisse aux dépens d'autrui, m'accorde en ce cas, contre la subtilité du droit, une action contre vous, pour répéter de vous les frais de ma gestion, jusqu'à concurrence de ce que vous en avez profité. » Nous ne savons voir, pour notre part, dans un recours ainsi limité qu'une action *de in rem verso*, n'ayant rien de contraire aux principes les plus subtils du droit.

Il n'est pas nécessaire, pour qu'il y ait quasi contrat de gestion d'affaires, que le gérant ait voulu obliger celui-là même qui est le véritable *dominus*. Pourvu qu'il y ait intention officieuse, une erreur de fait ne suffirait pas pour faire refuser au gérant l'action du quasi contrat contre celui dont l'affaire a été gérée. Ainsi, dans le cas où on aurait géré l'affaire de Secundus croyant faire celle de Primus, c'est contre Secundus qu'on aurait l'action *negotiorum gestorum*.

Il peut arriver qu'un gérant se soit immiscé dans les affaires d'un tiers, malgré sa défense; nous devons rechercher si, dans notre droit actuel, le gérant aura, dans ce cas, un recours contre le maître, et quel sera ce recours.

Nous savons que cette question, après avoir divisé longtemps les jurisconsultes romains, fut tranchée par Justinien, qui refusa au gérant, dans notre hypothèse, tout droit de répéter ses impenses.

Dans notre ancien droit, cette solution fut rejetée par Pothier comme contraire à l'équité naturelle.

La controverse sur ce point existe encore aujourd'hui. On soutient (1) que, si le gérant a agi malgré la défense du maître, on ne peut lui supposer d'autres intentions louables que le désir de gratifier le *dominus*, et nous savons que, dans ce cas, il n'y a aucun recours à accorder au gérant. Les mêmes jurisconsultes cherchent à renverser le principal argument emprunté à Pothier par leurs adversaires; nous voulons parler de cette règle célèbre, qu'on ne doit pas s'enrichir injustement aux dépens d'autrui.

Toullier soutient que ce principe n'est applicable que dans les cas où sont réunies deux conditions : 1° *Alterius detrimentum*; 2° *Injuria*, et il ne les trouve pas dans notre hypothèse.

Nous répondons que les dépenses du gérant, dont le maître profite, constituent l'*alterius detrimentum*, et quant à l'*injuria* ou injustice, elle ressort clairement de la position du gérant qu'on refuse d'indemniser. On ne peut pas dire qu'il y a faute de la part du gérant, car ce terme ne s'applique qu'à un fait préjudiciable à quelqu'un, et nous supposons que la gestion a été utile.

(1) Toullier, XI, 53.

Quant à l'argument des adversaires, qui consiste à assimiler celui qui gère malgré la défense du maître à celui qui a entrepris la gestion avec l'*animus donandi*, nous lui opposons la réponse que nous avons déjà faite en droit romain : les libéralités ne se présument pas.

Comment supposer, enfin, que celui qui a géré malgré la défense du maître n'ait pas au moins le même recours que le possesseur de mauvaise foi dont parle l'art. 555?

Nous devons reconnaître que la jurisprudence n'est pas complétement unanime, pour exiger l'intention officieuse comme élément essentiel du quasi contrat de gestion d'affaires; dans certaines espèces on a jugé quelquefois qu'il y avait gestion d'affaires, alors que cette condition manquait. C'est ainsi que la Cour de Pau, dans un arrêt du 27 août 1836 (1), a jugé que, lorsque l'adjudicataire d'un immeuble saisi a fait assurer l'immeuble, et que, par suite de l'annulation des poursuites, cet objet revient entre les mains du saisi, c'est ce dernier qui, en cas de sinistre survenu depuis la reprise, doit profiter de l'indemnité; en sorte que l'adjudicataire est tenu, en qualité de *negotiorum gestor*, de lui restituer, sauf le remboursement de ses avances, l'indemnité qu'il a reçue de la compagnie.

Nous croyons que ce sont des considérations particulières à l'espèce qui ont mal à propos amené la Cour de Pau à rendre cet arrêt. On s'est demandé qui bénéficierait en définitive de l'indemnité accordée par la compagnie, et on a fait le raisonnement suivant : ce ne pourra pas être l'adjudicataire dont les droits ont été annulés; la loi, en effet, ne permet d'assurer que sa propre chose et s'oppose au jeu de hasard qui consisterait à assurer la chose d'autrui; or l'indemnité que recevrait l'adjudicataire serait

(1) Dalloz, *Oblig.*, n° 5305.

précisément établie sur la chose d'autrui. L'adjudicataire
mis de côté, c'est naturellement le saisi que la Cour a
voulu faire profiter de l'indemnité, en invoquant à tort
l'existence du quasi contrat de gestion d'affaires.

Pour nous, nous ne voyons pas de difficulté à laisser
l'adjudicataire jouir de l'indemnité. Pour savoir si un
acte est valable ou ne l'est pas, c'est au moment où il
s'est produit qu'il faut se référer; et dans notre hypothèse, il est certain que lorsque l'adjudicataire a contracté
l'assurance, l'objet assuré était bien sa chose; l'assurance
est par suite irrévocablement valable. Une chose à remarquer dans l'arrêt que nous citons, c'est que la Cour qui
l'a rendu, tout en violant le principe de la nécessité de
l'intention officieuse, a eu le scrupule de ne pas l'avouer,
et nous lisons dans les considérants de sa décision :
« ... Qu'on doit croire que le tiers a traité dans l'intérêt
du propriétaire, plutôt que de supposer qu'il a voulu faire
une convention illicite... »

Il est évident que ce considérant est complétement faux,
et qu'on ne peut soutenir que l'adjudicataire qui se croyait
définitivement propriétaire de l'immeuble ait eu la pen-
sée, en l'assurant, d'agir en faveur du saisi (1).

Du principe dont nous nous occupons dans cette section,
il résulte qu'il n'y a pas gestion d'affaires dans le cas où
certains actes qu'on a faits dans son propre intérêt ont
procuré une utilité qu'on n'avait pas en vue à un tiers.

Si, par exemple, en démolissant une vieille maison qui
m'était à charge, j'ai procuré une belle perspective à la
maison de m....sin, masquée jusqu'alors, je ne puis
rien demande.....elui-ci pour la plus-value que j'ai procuré à son imm.ble, puisque je n'ai songé absolument
qu'à mon intérêt en agissant comme je l'ai fait.

(1) Dalloz, *Jurisprudence générale*, année 1840, 2, 22.

La Cour de cassation, dont la jurisprudence a souvent varié sur la matière qui nous occupe, a, par un arrêt parfaitement motivé, décidé qu'un industriel qui a construit un canal pour son usine n'a pas d'action pour faire supporter une portion de ses dépenses par les propriétaires inférieurs qui usent des eaux amenées par le canal pour fertiliser leurs terres, « attendu qu'il n'y a lieu au quasi contrat que lorsque l'on gère volontairement l'affaire d'autrui, qu'on s'oblige au nom du maître dont l'affaire est gérée et que l'on travaille et l'on dépense *dans l'intérêt et au profit de ce dernier.* » (Aff. Virot, Drome et Marquet, C. de cass. 30 avril 1828.)

De même, si Primus paye une dette de Secundus en se faisant subroger à ses droits, afin de placer avantageusement une somme, le quasi contrat ne se produira pas. Les actions *negotiorum gestorum* prendraient naissance, au contraire, si Primus effectuait le payement pour éviter des poursuites au débiteur, surtout s'il ne se faisait pas subroger aux droits du créancier ; car il prouverait bien alors qu'il n'agit pas dans le but égoïste de placer avantageusement ses fonds.

Lorsqu'un travail important est fait par plusieurs dans un intérêt commun, les circonstances permettent quelquefois de décider qu'il a été fait dans l'intérêt de certains absents ou opposants, et que ceux-ci sont tenus, par l'action *neg. gest.*, de payer une portion des frais. Dans un arrêté du Directoire (1) nous lisons : « qu'il est libre à des possesseurs de terres adjacentes de se cotiser comme bon leur semble, pour l'amélioration commune de leurs propriétés ; que leurs délibérations à cet égard sont de véritables contrats qui les obligent par leur propre force et sans la sanction de l'autorité législative ; qu'à la vérité

(1) Merlin, *Rép.*, v. Diguage, n° 9.

ces délibérations ne lient pas directement les absents ou refusants ; mais que ceux-ci ne peuvent, d'après les principes sur lesquels est fondée l'action *negotiorum gestorum*, profiter du bénéfice des travaux faits pour la conservation et l'amélioration de leurs biens, sans supporter la quote-part de la dépense faite à cette fin. »

Il a été jugé que le nu-propriétaire qui fait assurer une maison soumise à un droit d'usufruit est censé agir, quant au droit d'usufruit, comme *negotiorum gestor*, sauf à l'usufruitier à contribuer, selon son intérêt, au paiement annuel du prix de l'assurance, paiement auquel même il ne pourrait se soustraire. En conséquence, et en cas d'incendie de la maison assurée, l'usufruitier a droit au prix de l'assurance dans la proportion de son intérêt. (Colmar, 25 août 1826.)

Cette décision s'explique parfaitement ; car s'il est vrai que le nu-propriétaire a voulu surtout faire sa propre affaire en assurant sa maison, on ne peut pas contester qu'il n'ait su qu'il ferait en même temps celle de l'usufruitier ; et cette circonstance suffit pour que le nu-propriétaire soit présumé avoir voulu obliger l'usufruitier, et par conséquent soit un véritable gérant d'affaires.

Un arrêté de la Cour de Besançon, du 26 février 1856, a décidé, dans une hypothèse semblable, que le nu-propriétaire avait traité dans un but personnel, et que le quasi contrat de gestion d'affaires ne s'était pas produit entre lui et l'usufruitier. Tout dépend des circonstances que les tribunaux doivent apprécier ; et nous croyons qu'on admettrait facilement chez le nu-propriétaire l'intention d'obliger pour sa part l'usufruitier.

Il y aurait les mêmes raisons de décider, si c'était l'usufruitier qui eut fait assurer l'objet soumis à l'usufruit pour son entière valeur, que l'assurance serait censée faite pour le nu-propriétaire et pour lui-même.

SECTION IV

IL FAUT QUE LA GESTION AIT EU LIEU SANS MANDAT.

Cette condition, en effet, distingue le quasi contrat qui nous occupe du contrat de mandat ; il est certain que celui qui n'a entrepris une gestion que sur l'ordre du *dominus* est un véritable mandataire ; il est tenu par le contrat, puisque il y a accord de volontés.

Dans quel cas reconnaîtrons-nous l'intervention d'un mandat ? Faut-il qu'il soit conçu en termes exprès, peut-il être tacite ? Telles sont les premières questions que nous devons résoudre.

Une controverse très-vive s'est élevée sur ce point en droit français, et nous ne devons pas négliger cette discussion que nous regardons comme très-importante, contrairement à l'opinion de Toullier, qui ne voit pas d'intérêt à intenter plutôt une action de mandat qu'une action de gestion d'affaires. En étudiant plus loin les différences existant entre les obligations du mandataire et celles du gérant, nous reviendrons sur l'importance de la distinction.

En droit romain, nous avons dit que le mandat tacite était admis, et qu'il résultait généralement de la simple connaissance qu'avait le *dominus* de la gestion ; mais nous avons ajouté que, si le maître, connaissant la gestion, avait été dans l'impuissance de s'y opposer, il ne nous paraissait pas y avoir contrat de mandat ; seulement cette impuissance devait être démontrée. La règle générale était : « *Sola patientia inducit mandatum.* »

Le mandat tacite était aussi admis dans notre ancien

droit, et Pothier (1) s'exprime en ces termes : « Le contrat de mandat peut même se faire tacitement... car toutes les fois que je fais au vu et su de quelqu'un quelqu'une de ses affaires, il est censé par cela seul intervenir entre nous un contrat de mandat... »

Ces précédents connus, nous ne pouvons qu'être très-difficiles pour admettre la preuve que notre Code a abrogé le mandat tacite.

Des auteurs nombreux (2) et dont l'opinion est d'un grand poids ont cru trouver cette abrogation dans les art. 1372 et 1985 de notre Code civil.

L'argument tiré de l'art. 1372 est celui-ci : puisqu'il y a quasi contrat de gestion d'affaires, même au cas où le maître *connaît* la gestion, c'est que la loi actuelle refuse d'admettre le mandat tacite, qui consistait, suivant la loi romaine et notre vieux droit, dans cette connaissance même.

Quant à l'art 1985, il a fourni un argument *a contrario*. Dans ce texte, le législateur, après avoir énuméré les diverses manières dont le mandat peut être donné, et avoir admis le mandat verbal, sans dire un seul mot du mandat tacite, a eu le soin de dire que « *l'acceptation* du mandat peut n'être que tacite et résulter de l'exécution qui lui a été donnée par le mandataire. » Opposant cette dernière partie de l'article qui s'occupe de l'acceptation du mandat à la première qui s'occupe de la manière dont il peut être donné, on a dit : puisque la loi, après s'être tue sur la dation du mandat tacite dans une énumération très-complète, a eu bien soin de parler de l'acceptation tacite, c'est évidemment qu'elle voulait exclure l'une en admettant l'autre.

(1) Contrat de mandat, nᵒ 20.
(2) Toullier, XI; Delamarre et Le Poitvin, I, 70.

Cet argument est très-sérieux ; mais ce qui doit nous mettre en garde contre le système qu'il appuie, c'est que les principaux auteurs qu'il a convaincus reconnaissent eux-mêmes qu'en le consacrant le législateur s'est mis en contradiction avec les principes les mieux établis qui régissent les contrats consensuels, et cela sans aucun motif (1). Nous voyons, en effet, notre Code, comme toute législation avancée, favorable au consentement tacite. Le dépôt tacite est consacré par l'art. 1922, la tacite reconduction par l'art. 1759 ; enfin, aux termes de l'art. 1998, le mandant est tenu pour les actes du mandataire qui excèdent sa procuration, s'il les a ratifiés même *tacitement*.

Après avoir étudié les termes et l'historique de l'art. 1085, il nous semble que l'argument ne conserve plus la valeur qu'il lui faudrait pour consacrer une théorie si *disparate* avec l'esprit du Code, pour employer l'expression de Toullier. L'art. dit : « Le mandat peut être donné, ou par acte public, ou par écrit sous seing privé, même par lettre. Il peut aussi être donné verbalement ; mais la preuve... »

Ainsi qu'on l'a fait observer très-judicieusement, le mot *verbalement* n'a été employé par la loi que pour opposer le mandat verbal au mandat donné par écrit ; mais on sait parfaitement que ce qui peut être fait par paroles, peut l'être par signes et par tout moyen propre à manifester la volonté. Ce n'est pas une législation comme la nôtre qui exigerait certaines paroles pour admettre l'existence d'un contrat qui, dans le droit romain et notre vieux droit coutumier, se formait par le consentement, même tacitement exprimé.

Si l'article qui nous occupe dit que le mandat peut être

(1) Toullier, t. XI; Delamarre et Le Poitvin, *Contrat de commission*, t. 1, § 71.

tacitement accepté, sans exprimer qu'il peut aussi être donné de la même manière, c'est que le législateur statue, comme dans bien d'autres cas, sur le *plerumque fit*. Les travaux préparatoires du Code prouvent parfaitement ce que nous avançons. D'abord, et d'après le projet de loi, le mandat ne pouvait être donné que par écrit ; mais cette disposition fut combattue par le tribunat, qui voulut que la preuve testimoniale fut admise, lorsque les intérêts en jeu ne dépasseraient pas 150 francs. Alors l'article fut retouché ; et si, après avoir parlé du consentement verbal, il ne dit rien du mandat tacite, ce n'est certes pas que ses auteurs aient voulu le répudier ; bien au contraire, pendant les débats, Bertrand de Greuilles affirmait que « le mandat n'est assujetti à aucune formalité particulière qui soit essentielle à sa validité (1). »

M. Larombière, loin de penser que le législateur, en admettant l'acceptation tacite d'un mandat, ait voulu en proscrire la dation tacite, trouve au contraire dans ce fait un argument pour notre système, parce que, dit-il, on ne comprendrait pas qu'un élément du contrat put être tacite et pas l'autre.

Le mandat tacite est donc admis dans notre droit ; et les ennemis de notre système sont eux-mêmes forcés, dans bon nombre de cas, de l'admettre, au moins à titre d'exception. On ne saurait expliquer autrement l'art. 1578 ; aussi tous les auteurs, et la Cour de cassation avec eux, ont ils admis le mandat tacite entre mari et femme. De même, aux termes de l'art. 556 du code de pr., la remise du titre vaut mandat entre une partie et un officier ministériel. Enfin MM. Delamarre et Le Poitvin (2), qui contestent l'existence du mandat tacite dans notre droit civil, sont

(1) Fenet, XIV, p. 606.

(2) *Traité du contrat de commission*, n° 72.

obligés de convenir qu'elle est certaine dans notre code
de commerce.

Nous avons indiqué un peu plus haut l'argument que
les partisans de l'abrogation du mandat tacite trouvent
dans ces mots de l'art. 1372, relatif à la gestion d'affaires : « Lorsque volontairement on gère l'affaire d'autrui,
soit que le propriétaire connaisse la gestion, soit qu'il l'ignore,
celui qui gère contracte l'engagement tacite de continuer
la gestion... »

Pour répondre à cet argument, Larombière se demande
d'abord si l'art. 1372 ne signifierait pas seulement que le
gérant est tenu de continuer la gestion de l'affaire d'un
tiers, même au cas où celui-ci vient à la connaître et peut
par suite s'en occuper lui-même.

Cette réponse ne nous paraît pas probante, mais le
même auteur en propose une autre à laquelle nous adhé-
rons complétement. Nous disions qu'en droit romain le
silence du *dominus* impliquait mandat tacite, à moins de
preuve contraire ; le mot *est censé* de la citation de Pothier
que nous avons inscrite en tête de cette discussion, nous
prouve d'un autre côté que, dans notre ancien droit, le
silence du maître n'entraînait pas toujours et nécessairement le mandat tacite. Les auteurs de notre Code ont
voulu conserver le mandat tacite, mais ils n'ont pas voulu
que le silence du maître fût une présomption légale qui ne
pût être écartée que par la preuve contraire. Telle est la
raison qui les a amenés à édicter l'art. 1372. Nous ne
devons donner par conséquent à ce texte d'autre signification que celle-ci : La connaissance que le maître peut
avoir de la gestion ne suffit pas pour qu'il y ait mandat
tacite ; il faut, de plus, que sa volonté de tenir le gérant
pour son mandataire résulte de circonstances qui sont
laissées à l'appréciation des tribunaux. Si malgré la connaissance qu'il a de la gestion, le maître ne peut pas s'y

opposer, ou si son intention de donner mandat ne se ma-
nifeste par aucune circonstance, il n'y aura pas mandat
tacite, mais seulement quasi contrat de gestion d'affaires.

Lorsque nous affirmons que pour qu'il y ait quasi contrat, il faut qu'il ne soit pas intervenu de mandat, il est
bien entendu que nous parlons d'un mandat intervenant
entre le maître et le gérant ; ce n'est que dans ce cas que
l'accord des volontés fait naître un contrat. Si le mandat
de gérer la chose de Primus m'a été donné par un tiers,
dans le cas où j'entreprends la gestion sous l'empire de
notre Code, comme au temps du droit romain, le quasi
contrat existe entre le tiers et Primus, et il naît en
même temps des actions de mandat entre le tiers et moi-
même.

De même, si une personne entreprend la gestion d'une
affaire qui a été confiée par mandat à une autre, le quasi
contrat ne s'en formera pas moins.

Nous reconnaissons l'existence du quasi contrat de gestion d'affaires, dans notre droit actuel, dans les trois cas
suivants, où la législation romaine la consacrait :

1° Lorsque le gérant a cru à tort à l'existence d'un
mandat ;

2° Lorsqu'il a exécuté un mandat qui vient à être
annulé ;

3° Lorsqu'il est sorti des limites d'un mandat qui lui
avait été donné. (Dans ce dernier cas il n'est *negotiorum
gestor* que pour ce qu'il a fait en dehors des termes du mandat.) Dans l'hypothèse où un mandataire a agi contrairement
aux termes du mandat, ses agissements constitueront-ils le
quasi contrat de gestion d'affaires ?

Nous répondons par cette distinction : si le mandataire
a été dans l'impossibilité d'exécuter rigoureusement le
mandat, et s'il a voulu l'exécuter par équipollents, il y

aura quasi contrat ; en effet, le gérant n'aura pas agi comme
contraint par le mandat, puisque en présence de l'impossibilité de le remplir avec fidélité il pouvait parfaitement
demeurer inactif. Que si, au contraire, rien ne l'empêchant
d'exécuter le mandat, il a agi contrairement à ses prescriptions, il ne sera pas traité en gérant d'affaires, mais
en mandataire infidèle.

CHAPITRE II

Des obligations qui naissent du quasi contrat de gestion d'affaires.

Ainsi que nous avons eu plusieurs fois occasion de le
dire, le quasi contrat de gestion d'affaires produit des
obligations en général réciproques, mais qui · peuvent
néanmoins être dans certaines circonstances unilatérales.
Après avoir recherché dans quels cas et à quelles conditions le quasi contrat prend naissance et produit des
engagements, nous devons étudier maintenant en elles-
mêmes les obligations du gérant et celles correspondantes
du maître. (A propos de ces dernières, nous verrons que
leur existence est subordonnée à une condition qui leur
est complétement particulière.)

SECTION I

OBLIGATIONS DU GÉRANT.

Il y a une grande analogie entre la position d'un gérant
d'affaires et celle d'un mandant. Cependant il ne faudrait
pas, en prenant à la lettre ces mots de l'art. 1372 : « Le

gérant se soumet à toutes les obligations qui résulteraient d'un mandat exprès que lui aurait donné le propriétaire, » croire qu'il n'y a pas de différences entre les obligations d'un procureur et celles d'un *negotiorum gestor*; il y en a plusieurs et de très-notables que nous allons remarquer dans cette section. Le législateur a dit plus qu'il ne voulait dire, en édictant l'art. 1372; il a voulu seulement exprimer l'opinion de Pothier qui fait naître du quasi contrat des obligations *semblables* à celles que produit le mandat. Nous trouvons, du reste, des différences consacrées par notre législateur, dans le même chapitre. Ainsi le sens des termes que nous venons de citer est celui-ci : en raison de l'analogie existant entre le mandat et la gestion d'affaires, dans les cas où des dispositions particulières ne règlent pas les obligations du gérant, on doit appliquer les principes du mandat.

De même qu'en droit romain, nous croyons que les obligations du gérant d'affaires doivent être étudiées à trois points de vue différents, que nous allons examiner en suivant l'ordre que nous avons adopté dans la première partie de notre travail.

§ 1. — *Pour la gestion de quelles affaires le gérant est-il tenu ?*

Le gérant est tenu pour l'affaire qu'il a entrepris de gérer; et cette obligation lui est commune avec le mandataire. « Qui s'entremet, disait Loysel, doit achever, et qui commence et ne parfait le sien perd. » Pothier consacra la même règle, qui est passée dans l'art. 1372 de notre Code.

L'obligation du gérant ne s'étend pas au-delà de l'affaire entreprise et de ses dépendances, tandis que le mandataire est tenu pour tout ce que comprennent les termes de son mandat. Telle est la première différence entre la position du mandataire et celle du gérant.

Le Code n'explique pas ce que l'on doit entendre par dépendances d'une affaire, parce que c'est une question de faits et de circonstances si variables qu'il a dû en laisser l'appréciation aux tribunaux.

Suivant l'opinion de certains auteurs (1), le gérant pourrait même dans un cas être tenu pour des affaires qu'il n'aurait pas entreprises ; c'est dans l'hypothèse où il serait intervenu comme devant s'occuper de toutes les affaires du *dominus* et aurait ainsi écarté un tiers qui offrait d'entreprendre lui-même cette gestion générale.

L'art. 1372 impose au *negotiorum gestor* l'obligation de continuer et d'achever la gestion entreprise, « *jusqu'à ce que le propriétaire soit en état d'y pourvoir lui-même.* » Nous devons conclure de cette disposition, que le gérant devra avertir le *dominus*, pour pouvoir abandonner en temps utile sa gestion.

Nous pensons que le législateur n'a pas pu, dans une matière où l'équité a été son guide, refuser au gérant ce qu'il a accordé au mandataire ; aussi étendrions-nous à la gestion d'affaires l'application de l'art. 2007 relatif au mandat.

Il nous paraît de toute justice que le gérant qui a entrepris la gestion gratuitement et dans l'unique but de rendre un service ne soit pas traité plus sévèrement que le mandataire et qu'il soit à l'abri de tout recours, lorsqu'une maladie ou la crainte d'éprouver lui-même un préjudice considérable l'ont empêché de continuer de gérer. La discussion de l'art. 1372 au conseil d'État prouve, du reste,

(1) Domat, liv. 2, t. 4, sect. 1, n° 8 ; Pothier. *Quasi cont. neg. gest.*; Toullier, t. II, n° 34; Larombière sur art. 1372.

que les législateurs ont voulu seulement empêcher celui
qui aurait entrepris légèrement la gestion des affaires
d'autrui de les abandonner à sa volonté et à *contre-temps*,
pour employer l'expression de Cambacérès (1).

Aux termes de l'art. 1373, la mort du maître avant la
fin de la gestion ne libère pas le gérant de l'obligation de
la continuer jusqu'à ce que l'héritier ait pu en prendre la
direction. Ainsi le gérant ne pourra pas se retirer immédiatement après la mort du maître, quand même il n'aurait entrepris de gérer ses affaires que par affection particulière pour lui. Le gérant est même tenu, dans ce cas,
plus rigoureusement que le mandataire, car celui-ci n'est
obligé de continuer à remplir son mandat après la mort
du mandant *que s'il y a péril en la demeure*. Le *negotio-*
rum gestor est, dans tous les cas, tenu de gérer, jusqu'à ce
que l'héritier soit averti, et en état de prendre la direction
de l'affaire.

Nous pensons que l'application de l'art. 2010 doit être
étendue aux cas de gestion d'affaires, et qu'à la mort du
gérant ses héritiers doivent en donner avis au maître et
pourvoir en attendant à ce que les circonstances exigent
pour l'intérêt de celui-ci (2).

§ 2. — *Responsabilité du gérant.*

L'art. 1374 du Code civil nous donne la mesure de la
responsabilité du gérant dans notre droit. La règle générale édictée par cet article est celle-ci : Le gérant est
tenu d'apporter à la gestion de l'affaire tous les soins d'un
bon père de famille. La rigueur de cette règle peut,

(2) Fenet, t. XIII, p. 456.
(1) Pothier, *quasi cont. neg. gest.*, 216.

comme nous allons avoir occasion de le dire, être tempérée dans certaine circonstances.

Ainsi, en principe, le gérant ne serait pas excusable de sa négligence, parce qu'il prouverait qu'il n'est pas généralement plus zélé pour les affaires qui le concernent personnellement. Mais cela ne veut pas dire qu'il sera obligé dans toute circonstance de sacrifier ses intérêts à ceux du maître; et le gérant agirait en bon père de famille, si ne pouvant sauver que la chose du maître ou la sienne propre, et celle-ci ayant une valeur plus considérable, il sacrifiait celle du maître.

La suite de l'article, consacrant l'opinion de Domat (1), nous dit que les circonstances peuvent autoriser le juge à modérer les dommages et intérêts; nous ajoutons que, suivant la doctrine et la jurisprudence, les juges pourront aussi atténuer la responsabilité du gérant.

Cette dernière liberté d'appréciation n'est pas accordée aux juges par la lettre du Code, mais résulte de son esprit; l'ancien droit l'admettait, et Pothier cite un cas auquel elle s'applique (2). Lorsque les affaires d'un absent se trouvant abandonnées et personne ne se présentant pour en prendre soin, un homme, quoique peu habile et peu intelligent dans les affaires, en entreprend la gestion pour ne pas les laisser à l'abandon, il n'est pas tenu d'y apporter tous les soins d'un bon père de famille; mais il va sans dire qu'il serait en faute s'il se montrait dans cette gestion plus négligent que pour ses propres affaires.

Si le gérant et le maître ont un débiteur commun, dans le cas où le gérant reçoit un paiement, nous pensons que, suivant la règle de l'art. 1848 relatif aux associés, le gé-

(1) Domat, L. 2, T. 4. s. 1, nº 12.
(2) Pothier, *Quasi cont. neg. gest.*, 211.

rant devra faire l'imputation de la somme reçue sur les deux créances, proportionnellement à leur valeur.

En principe, le *negotiorum gestor* ne répond pas des cas fortuits, mais sa responsabilité peut être augmentée en raison des circonstances. La théorie romaine doit être appliquée à notre matière. Si le gérant a entrepris une affaire chanceuse en dehors des habitudes du maître, il pourra être responsable de la perte survenue, même par un cas fortuit. Le maître aura le choix de laisser l'affaire, si elle est mauvaise, pour le compte du gérant, ou de s'en charger si elle lui paraît avantageuse. Mais il devra prendre ou laisser l'affaire dans son entier, et ne pourra pas s'approprier les opérations lucratives en laissant les mauvaises pour le compte du gérant (1).

Celui qui donne mandat à quelqu'un de gérer la chose d'autrui est censé la gérer lui-même, d'après cette règle que cite Pothier : « *Qui mandat ipse fecisse videtur.* » Il est par conséquent tenu des obligations dont nous nous occupons.

§ 3. — *Obligation de rendre compte.*

L'obligation de rendre compte, dont il n'est pas question dans le chapitre du Code consacré à la gestion d'affaires, résulte de l'assimilation des obligations du gérant à celles du mandataire, édictée par l'art. 1372. L'art. 1993, qui oblige le mandataire à rendre compte, doit s'appliquer par analogie au gérant d'affaires. La Cour de cassation a consacré cette décision dans un arrêt du 10 avril 1854 (2).

Le gérant doit rendre compte de tout ce qu'il a reçu pour le maître, à l'occasion de sa gestion ou de celle de

(1) Domat, l. 2, t. 4, s. 1, n° 4 ; Toullier, t. II, n° 37.
(2) Dalloz. *Oblig.* n° 5436.

son sous-gérant. Il doit même compte des sommes qu'il
a reçues pour le maître, sans qu'elles lui fussent dues; et
il est presque inutile de dire que c'est contre le maître que
sera dirigée la répétition de l'indû.

Cependant, tant que le maître n'a pas ratifié, le gérant
peut rendre ce qui a été payé indûment; mais s'il agit
ainsi, c'est lui qui devra fournir la preuve que la somme
avait été payée par erreur; car du moment qu'un paiement est intervenu, il y a présomption que la dette existait (1).

Si au contraire c'est le gérant qui a payé indûment un
prétendu créancier, pour le compte du maître, il ne pourra
pas faire figurer en dépenses ce paiement inutile; il a fait
la faute et doit en supporter les conséquences.

Dans le compte doivent figurer non-seulement toutes
les sommes reçues pour le compte du maître, mais même
celles qui auraient dû l'être. Le gérant ne doit pas négliger de recevoir les paiements qui lui sont volontairement
faits, et surtout, il doit s'attacher à empêcher autant que
possible la prescription des droits du maître. Mais le *negotiorum gestor* ne pourra pas souffrir de son impuissance à
poursuivre judiciairement les débiteurs du maître. Lorsque le défaut de procuration l'empêchera d'exercer des
poursuites ou d'interrompre des prescriptions, il sera à
l'abri de tout recours.

Il se peut que le gérant soit lui-même débiteur du
maître; dans ce cas il doit se payer à lui-même à l'échéance.
Ici il n'aura pas besoin de la procuration du *dominus* pour
exiger de lui-même ce qu'il lui doit; s'il négligeait de
payer, la prescription ne courrait pas à son profit. Du
moment qu'il a entrepris la gestion des affaires d'un tiers
il s'est engagé à de nombreuses obligations, dont la prin-

(1) Pothier, *Quasi-contrat*, n° 212; Toullier, T. II, n° 41.

cipale est de ne point chercher à s'enrichir à ses dépens.

En raison de l'analogie établie par l'art. 1372 entre les obligations du gérant et celles du mandataire, nous étendrons à la question des intérêts en matière de gestion d'affaires l'application de l'art. 1996 qui la résoud en cas de mandat. Si le gérant a employé à son usage personnel les sommes reçues pour le compte du *dominus*, il en devra l'intérêt à dater de cet emploi, et s'il en est reliquataire, à compter seulement du jour où il sera mis en demeure (1).

Quant aux sommes dont le gérant pouvait être antérieurement débiteur vis-à-vis du *dominus*, si elles ne produisaient pas déjà intérêt, elles en produiront à partir du jour de l'exigibilité.

Dans le cas où plusieurs gérants se sont occupés conjointement de la même affaire, en règle générale il n'y a pas solidarité.

En effet, aux termes de l'art. 1202, la solidarité ne se présume pas et il faut un texte formel pour la faire naître; or nous ne trouvons aucune disposition du Code qui l'applique aux cogérants. Cependant la Cour de cassation a jugé que si, dans une gestion commune, il est impossible de distinguer la part que chacun des gérants y a prise, ceux-ci peuvent être condamnés *in solidum* (2).

Le gérant doit joindre à son compte toutes les pièces à l'appui, ainsi il est tenu de présenter les quittances et les traités contenant des obligations envers les tiers qui doivent être mises à la charge du maître.

L'action du maître passe à ses héritiers et est donnée contre ceux du gérant; elle se prescrit par trente années.

---

(1) Domat, liv. 2, t. 4, sect. 1, n° 8. Si c'est par négligence que le *gestor* est resté reliquataire d'une somme au lieu de l'employer avantageusement, il pourra selon les circonstances en devoir l'intérêt.

(2) *Req.* 4 mai 1859. Dalloz, T. I, 314.

Le maître peut-il se servir de la preuve testimoniale
pour constater l'existence de la gestion d'affaires, lorsque
les intérêts en jeu dépassent 150 francs? Nous répondons:
Oui. En effet, l'art. 1348, reproduisant la règle formulée
dans l'ordonnance de Moulins et dans celle de 1667, admet la preuve testimoniale toutes les fois qu'il a été impossible de se procurer une preuve littérale, et il donne
pour exemple les cas de quasi contrats (nous verrons bientôt que, contrairement aux termes de l'article, la preuve
testimoniale ne s'applique pas à toutes les obligations naissant des quasi contrats). Pour les obligations du gérant, il
est certain que le maître n'a aucun moyen de se procurer
une preuve écrite par avance. La preuve testimoniale doit
par conséquent être admise. Cependant (1), il a été jugé
que le *dominus rei* ne peut pas prouver par témoin les re-
cettes faites par son *neg. gest.*, parce qu'il peut s'en procurer une preuve écrite au moyen des quittances délivrées
à ceux qui ont fait les paiements contestés, quittances que
les anciens débiteurs devront produire pour ne pas payer
deux fois. Nous répondons que les débiteurs pourraient
quelquefois sans danger refuser de produire les quittances,
par exemple si leur dette était prescrite. Du reste, l'arrêt
que nous citons repose sur une confusion; il ne s'agit pas,
en effet, de savoir si les anciens débiteurs ont intérêt à
représenter les quittances, il faudrait, pour que l'argument
fut solide, qu'il y eut pour les débiteurs obligation légale
de produire les quittances obtenues du gérant, et cette
obligation n'existe pas.

Nous devons rechercher maintenant si les obligations
dont nous venons de parler s'imposent indistinctement à
tous les gérants, ou si les principes ordinaires sur l'inca-

(1) Journal du Palais, répertoire général, T. 7. Gestion d'affaires.
n° 90.

pacité doivent être appliqués ; en d'autres termes, le mineur, la femme mariée, non autorisée par son mari, l'interdit, qui interviennent en qualité de gérants, sont-ils soumis d'une manière complète à l'action de gestion d'affaires, ou sont-ils tenus seulement dans la limite de leur enrichissement?

La question est controversée, et nous pensons que les règles ordinaires de l'incapacité doivent être appliquées aux obligations du gérant d'affaires. Les adversaires de notre système soutiennent que la loi n'intervient en faveur des incapables qu'en matière de contrats; et cela est très-juste, dit-on ; celui qui traite avec une personne que la loi ne juge pas en état de donner un consentement valable commet une faute, et il n'a pas le droit de trouver injuste que le législateur ait voulu le punir. Mais dès qu'il ne s'agit plus de convention, et que les obligations dérivent d'un fait personnel à celui qui est obligé, il serait souverainement injuste d'appliquer cette incapacité, car aucune faute ne serait imputable au créancier.

Ainsi le législateur avait d'excellentes raisons pour édicter l'art. 1990 qui consacre l'incapacité en matière de contrat, et il n'y en a, au contraire, aucune pour l'étendre à la gestion d'affaires. Le maître qui a choisi un mandataire incapable a su parfaitement à quoi il s'exposait; il ne peut pas se plaindre du préjudice que cette incapacité peut lui causer; tandis que le maître n'a pu s'opposer à la gestion du mineur ou de la femme mariée, et il n'y a pas, par suite, de raison pour qu'il en souffre.

Les mêmes auteurs invoquent l'art. 1124 qui ne parle d'incapacité qu'en matière de contrat, et les art. 1383 et 1384 qui n'admettent pas d'incapacité dans les cas de délit ou de quasi délit; ils en concluent qu'au point de vue de l'incapacité, la loi divise les obligations en deux grandes classes : les obligations conventionnelles, et les engage-

ments qui se forment sans convention; aux premières sont
applicables les règles de l'incapacité, et pas aux autres.
Enfin, les partisans de ce système invoquent un texte de
Domat que nous allons citer dans notre réfutation.

Quelque sérieux que soient ces arguments, et malgré
l'autorité des auteurs qui ont soutenu le système que nous
venons d'essayer d'exposer, nous ne croyons pas qu'il doive
prévaloir. Il ne nous paraît pas conforme à l'esprit de la
loi. En effet, nous ne pensons pas qu'elle ait voulu punir
ceux qui contracteraient avec un incapable; elle a voulu seulement établir que certaines personnes ne pourraient pas,
en raison de leur âge ou de leur position, s'obliger volontairement. Or, dans le cas de gestion d'affaires, nous savons
que l'obligation du gérant dérive d'un fait volontaire de
sa part; les incapacités prévues par la loi, matière
d'obligations volontaires, doivent donc être appliquées.

Si la loi a parlé des délits et des quasi délits, pour déclarer qu'il n'y a pas d'incapacités pour les obligations qu'ils
produisent, loin de penser que cette décision doive être
étendue aux quasi contrats, nous croyons qu'elle est excep-
tionnelle en raison de la faute de l'obligé (1).

Quant au texte de Domat, invoqué par Larombière, il
nous suffit de le citer pour prouver qu'il ne s'applique pas
à notre matière; il parle des femmes en général, et non
pas des femmes mariées et non autorisées de leur mari,
qui sont seules incapables. Voici les termes dont se sert
Domat : « Encore que les femmes ne puissent pas être
nommées tutrices ou curatrices, elles entrent dans les engagements qui peuvent naître d'une administration où elles
s'ingèrent (2). »

(1) Pothier, *De la puissance maritale*, n° 50. Marcadé, art. 1371.
(2) Domat, l. II, t. IV, s. I, n° 10.

SECTION II

OBLIGATIONS DU MAITRE.

Nous devons chercher maintenant à nous faire une idée exacte des obligations du maître que produit le quasi contrat de gestion d'affaires.

Nous avons déjà vu comment l'intention du gérant pouvait tantôt s'opposer à l'existence du quasi contrat vis-à-vis de chacune des parties, et tantôt le rendre unilatéral : mais nous devons ajouter ici que, suivant l'ancienne règle romaine, et aux termes de l'art. 1375, il faut, pour que les obligations du maître prennent naissance, que la gestion ait été utile.

Tous les auteurs ne sont pas d'accord sur la manière d'apprécier cette utilité, ni sur le moment à choisir pour cette appréciation.

L'art. 1375 est conçu dans les termes suivants : « Le maître dont l'affaire a été bien administrée doit remplir les engagements que le gérant a contractés en son nom, l'indemniser de tous les engagements personnels qu'il a pris, et lui rembourser toutes les dépenses utiles ou nécessaires qu'il a faites. »

M. Larombière (1) accorde au gérant un recours pour la totalité de ses dépenses, si elles sont nécessaires, parce que dans ce cas, dit-il, elles auraient dû être faites par le propriétaire lui-même ; si les dépenses sont seulement utiles, il n'accorde d'action contre le maître que dans la limite des avantages que lui a procurés leur utilité.

Cette opinion ne nous paraît point acceptable ; elle re-

(1) Sur l'art. 1375, n° 7.

pose sur la confusion des actions de gestion d'affaires et
de in rem verso. L'art. 1375 que nous venons de citer est
formel, il ne fait point la moindre distinction entre les
dépenses utiles et les dépenses nécessaires, et les met au
même rang. Du reste, le législateur, en sauvegardant la
position du gérant, et en lui permettant de se faire rembourser intégralement ses dépenses utiles, a rendu un
grand service aux maîtres eux-mêmes. En effet, en traitant durement les gérants, la loi aurait éloigné les tiers
des affaires des absents, au préjudice de ceux-ci.

Un autre auteur (1) fait aussi une distinction entre les
dépenses nécessaires et celles seulement utiles. Pour
M. Duranton, les dépenses nécessaires, au moment où elles
ont été faites, entraînent l'obligation du maître; quant
aux dépenses utiles, elles n'ont cet effet que lorsque leur
utilité existe au moment où le *dominus* est actionné.

Cette distinction, pas plus que la précédente, ne repose
sur rien, et nous appliquons quant à nous d'une manière
générale aux dépenses soit utiles, soit nécessaires, la
maxime romaine : « *Initium spectandum est.* »

Il suffit qu'une opération ait été utile au moment où
elle a été faite, pour qu'elle permette au gérant d'exercer
son recours contre le maître.

Ainsi Pierre a exécuté sur la maison de Paul des réparations utiles; plus tard, cette maison est devenue par cas
fortuit la proie d'un incendie; Paul n'en sera pas moins
tenu de rembourser à Pierre ses impenses.

Du principe que la gestion doit être utile pour pouvoir
servir de base à l'action de gestion d'affaires contre le
maître, il résulte que si on avait par exemple fait des réparations dispendieuses sur une vieille maison qu'il aurait
été plus avantageux de laisser tomber en ruine, on n'au-

(1) Duranton, XIII, n° 672.

rait pas d'action contre le propriétaire. Dans les hypothèses de cette nature les tribunaux ont, du reste, les pouvoirs les plus larges d'appréciation.

Pour que des dépenses soient réellement utiles, il faut qu'elles ne soient pas excessives. Le maître sera toujours admis à prouver, s'il y a lieu, qu'une dépense moindre aurait suffi, et c'est pour celle-là seulement qu'il sera tenu. Les tribunaux pourront juger que les dépenses n'ont été utiles que dans une certaine mesure, et ne doivent être remboursées que dans ces limites; ils jugeront aussi si les dépenses ont été purement voluptuaires, et dans le cas où toutes auraient ce caractère, le gérant serait privé de tout recours.

Tout ce que nous venons de dire constitue une grande différence entre les obligations du mandant et celles d'un *dominus*, et ce n'est pas sans raison que le législateur, après avoir dans l'art. 1372 soumis d'une manière générale le gérant aux obligations du mandataire, s'est abstenu dans l'art. 1375 de faire une assimilation semblable entre le maître et le mandant.

En effet, l'art. 1999 édicte que : « s'il n'y a aucune faute imputable au mandataire, le mandant ne peut se dispenser de faire le remboursement des avances du mandataire, lors même que l'affaire n'aurait pas réussi, ni faire réduire le montant des frais et avances, sous le prétexte qu'ils pouvaient être moindres. » Nous venons de voir qu'au contraire, dans le cas de gestion d'affaires, l'obligation du maître ne prend naissance que dans le cas où la gestion a été utile, et qu'elle peut être réduite s'il est jugé que les dépenses faites par le gérant ont été excessives.

Notons ici que le maître ne sera pas admis à soutenir que les dépenses du gérant ont été inutiles ou excessives, s'il les a déjà ratifiées; nous allons, du reste, revenir un peu plus loin sur la matière de la ratification.

Le gérant peut-il réclamer au maître l'intérêt de ses dépenses utiles, à partir du jour où il les a faites? Cette question a soulevé des controverses dans la doctrine et dans la jurisprudence.

D'après certains auteurs, les intérêts ne seraient dus par le maître qu'à partir de la demande qu'en ferait le gérant. En effet, dit-on, la règle générale posée par l'art. 1153 du Code Napoléon, c'est que les intérêts ne sont dus qu'à compter du jour de la demande; il faut un texte exprès pour faire exception à cette règle; or nous trouvons l'art. 2001 qui fait exception à ce principe en faveur du mandataire; mais aucune disposition particulière ne s'occupe des intérêts que peut réclamer le gérant, et une exception qui est de droit étroit ne peut s'étendre par analogie du mandataire au gérant. Larombière (1) va même plus loin; il trouve un texte formel qui maintient la règle générale à l'égard du gérant. C'est l'art. 1155 qui fait produire aux intérêts payés par un tiers à un créancier, et en l'acquit du débiteur, des intérêts à partir de la demande. Larombière dit que celui qui paie en l'acquit d'un débiteur est un véritable gérant d'affaires, et la loi ne lui donne droit aux intérêts de ses avances qu'à compter du jour de la demande.

Quant à nous, nous pensons avec la grande majorité des auteurs (2) que les intérêts courent du jour de la dépense: c'était le système admis à Rome, et bien qu'il paraisse avoir été abandonné sous l'ancien droit (3), nous pensons qu'il doit être repris sous l'empire de notre Code. En effet, l'art. 1375 veut que le gérant soit indemnisé d'une manière générale de toutes ses dépenses utiles, or le préju-

(1) Sur l'art. 1375, n° 17.
(2) Duranton, XIII, n° 674.
(3) Pothier, *Oblig.*, n° 410.

dice serait évident, si le gérant ne pouvait rien retirer des capitaux employés dans la gestion jusqu'à la demande en justice. Cette solution est conforme à l'esprit du Code et aux principes d'équité qui dominent toute la matière de la gestion d'affaires. L'art. 1372 soumet le gérant aux obligations du mandataire, il est bien juste de lui accorder aussi les mêmes faveurs, surtout si l'on remarque que le quasi contrat de gestion d'affaires est essentiellement gratuit. Quant à l'argument que Larombière tire de l'art. 1155, il suffit pour reconnaître son peu de solidité de lire attentivement les art. 1154 et 1155.

L'art. 1154 pose en principe que les intérêts échus ne peuvent produire de nouveaux intérêts que s'ils sont dus au moins pour une année entière; et l'art. 1155 n'a pas d'autre but que celui de faire quelques exceptions à ce principe, et entre autres pour les intérêts payés par un tiers en acquit du débiteur, qui produisent intérêt même au cas où ils ne sont pas dus pour un an.

La Cour de cassation a consacré le système que nous défendons dans deux arrêts parfaitement motivés du 7 novembre 1864 et 6 novembre 1865 (1). Quelques arrêts de Cour ont admis le système opposé (Lyon, 13 janvier 1849) (2).

Aux termes déjà cités de l'art. 1375, le maître doit remplir les engagements que le gérant a contractés en son nom, et l'indemniser des engagements personnels qu'il a pris.

Dans les cas où le gérant s'est engagé volontairement, ses créanciers peuvent, en vertu de l'art. 1166, exercer le recours qu'il a contre le maître, et dans cette hypothèse, ils n'ont pas à craindre le concours des autres créanciers

(1) Dalloz, P. 1865, I, 166. — 1866, I, 252.
(2) Dalloz, P. 1849, II, 218.

du gérant; en effet, celui-ci n'a pas une véritable créance contre le maître; jusqu'au moment où il a payé le tiers, il n'a que le droit de demander à être relevé de son engagement; et il est très-juste que ces créanciers ne soient pas admis au partage de ce droit avec le tiers dont il est devenu débiteur à l'occasion de sa gestion.

Si le gérant a traité au nom du maître, les actions résultant de son agissement naîtront activement et passivement sur la tête de celui-ci, mais seulement dans le cas où la gestion a été utile; autrement les tiers créanciers ne peuvent agir que contre le gérant, responsable d'avoir géré inutilement. L'action ne résultera pas alors d'un contrat, puisqu'il n'en est intervenu qu'entre le tiers et le maître, mais du dommage causé par le gérant, en vertu des art. 1382 et 1383.

Dans le cas où l'affaire gérée appartiendrait à plusieurs maîtres, il ne faudrait pas, à moins de disposition expresse, admettre la solidarité. En effet, la disposition de l'art. 2002, relative au mandat, constitue une exception aux principes du Code, et ne pourrait pas être étendue par analogie à la gestion d'affaires. De même que l'action directe, l'action contraire de gestion d'affaires passe aux héritiers du gérant et est donnée contre ceux du maître; elle se prescrit par trente années.

Nous avons vu que les obligations du gérant peuvent être établies par la preuve testimoniale; nous devons rechercher maintenant s'il en est de même des obligations du *dominus*.

Bien que l'art. 1348 du Code Napoléon cite au nombre des obligations qui peuvent être prouvées par témoins celles qui naissent des quasi contrats, il n'est pas douteux que la preuve testimoniale n'est pas applicable à certaines d'entre elles. Ainsi, dans le cas du paiement de l'indû, celui qui a payé une dette qui n'existait pas peut toujours apporter une preuve écrite ; car il a dû se faire délivrer une quittance par son faux créancier. On a voulu soutenir que le gérant est dans la même position que celui qui a payé l'indû, relativement à la preuve. Le gérant, dit-on, doit avoir en main les quittances de ceux avec lesquels il a traité à raison de sa gestion ; il peut donc apporter une preuve écrite et par suite n'a pas le droit de se servir de la preuve testimoniale. Nous croyons ce système trop absolu. La question qui nous occupe ne nous paraît pas susceptible d'une solution unique applicable à tous les cas. Le plus souvent le gérant aura la possibilité de se procurer la preuve écrite de ses dépenses, et la preuve testimoniale ne sera pas admise. Mais s'il a fait des dépenses dont il n'a pas pu conserver de preuve écrite, il nous paraît certain qu'il pourra les établir au moyen de la preuve testimoniale.

Le maître incapable sera-t-il tenu de l'action de gestion d'affaires ? En parlant de la capacité du gérant, nous avons voulu établir que les règles générales de l'incapacité s'appliquaient, selon notre droit, dans les cas seulement où les obligations résultaient d'un fait volontaire de l'obligé ; or il est certain que le quasi contrat de gestion d'affaires prend naissance sans la volonté du maître ; il nous paraît évident, par suite, que le maître dont l'affaire a été gérée sera tenu de l'action de gestion d'affaires, serait-il mineur, interdit, ou femme mariée non autorisée.

A Rome, un système opposé était admis Pothier (1) reconnaît que notre droit français a abandonné cette théorie contraire aux principes de la gestion d'affaires, et nous sommes étonné que quelques auteurs contemporains, tels que MM. Delvincourt et Duranton, par respect pour le droit romain, aient soutenu que les mineurs, les interdits et les femmes mariées ne sont tenus par l'action de ges-

(1) *Du quasi contrat neg. gest.*, n° 224.

tion d'affaires que dans la limite de leur enrichissement.
Ces éminents jurisconsultes nous semblent avoir confondu
l'action *de in rem verso*, naissant du principe que nul ne
doit s'enrichir aux dépens d'autrui, avec l'action *negotiorum
gestorum contraria*, qui résulte du fait même de la gestion.

Remarquons en terminant cette matière que, dans plusieurs cas de gestion d'affaires, le maître a, en outre de
l'action dont nous venons de parler, d'autres moyens de
recours pour se faire indemniser de ses dépenses. Tels
sont les cas de subrogation de l'art. 1251, § 3, et le privi-
lége de l'art. 2103, § 3.

CHAPITRE III

De la ratification.

Nous avons eu déjà l'occasion de parler de quelques-
uns des effets de la ratification que le maître accorde aux
actes du gérant.

C'est ainsi que nous savons : 1° Qu'un *dominus* peut
faire sienne, par ratification, une affaire gérée à son intention, bien qu'elle lui fut d'abord étrangère; nous avons
vu, en effet, que le gérant qui a reçu pour le compte du
maître le paiement d'une dette qui n'existait pas, ne peut
pas opérer la restitution de l'indû, si le maître a ratifié le
paiement.

2° Que le maître, en ratifiant la gestion, constate d'une
manière définitive son utilité, et ne peut plus la contester
en justice, pour se faire décharger de ses obligations.

Mais nous n'avons jusqu'ici considéré la ratification
que dans les cas où elle intervient après que le quasi contrat s'est déjà formé.

8

Nous devons nous occuper maintenant d'un effet très important de la ratification, qui consiste à donner les caractères du quasi contrat de gestion d'affaires à des actes qui en seraient dépourvus sans elle.

En matière de gestion d'affaires proprement dite, il est certain que le maître est tenu, à la seule condition de l'utilité de la gestion, et que, pour que ses obligations prennent naissance, il n'est nullement besoin qu'il ratifie. Mais, quand y a-t-il véritable gestion d'affaires ?

Il suffit de lire les articles 1372-1375, pour résoudre cette question. Nous voyons que le législateur, dans ces textes relatifs au quasi contrat qui nous occupe, ne parle que d'actes d'administration, de soins donnés à la chose d'autrui ; ce sont là les seuls faits dont l'utilité suffise pour obliger le maître.

Mais on peut se trouver en présence d'actes ayant un caractère tout différent. Une personne peut avoir fait, dans l'intérêt d'un tiers, des actes ne se rattachant en rien à une affaire dont ce tiers est déjà le maître, ou dépassant les pouvoirs d'administration d'un gérant d'affaires.

Dans ces cas, tous les jurisconsultes sont d'accord pour décider que celui en vue de qui ces actes auront été faits ne sera tenu que s'il les ratifie.

Comme le font observer avec beaucoup de raison MM. Delamarre et Le Poitvin (1) : gérer, c'est faire l'affaire d'autrui, c'est administrer.

Mais autre chose est faire une affaire pour autrui. Un arrêt de la Cour de Bordeaux (21 juillet 1827) fait la distinction dont nous parlons, et la motive parfaitement.

Il s'agissait, dans l'espèce, d'un père qui s'était rendu

(1) *Du contrat de Commission*, t. I, n° 125.

adjudicataire d'un immeuble pour deux de ses fils absents
et majeurs ; ce père de famille était mort sans que ces fils
eussent ratifié. La question était celle-ci : l'immeuble
devait-il être compris dans la succession du défunt, ou
bien appartenait-il aux deux fils pour lesquels le père
l'avait acheté ? S'il y avait réellement gestion d'affaires ordinaire, le défaut de ratification importait peu. Les deux fils
devaient prendre l'immeuble en qualité de *domini* ; mais
la Cour jugea avec raison qu'il ne devait pas en être ainsi
dans l'espèce : « Attendu, en droit, que le quasi contrat
de gestion d'affaires ne saurait exister sans une affaire qui
soit la matière de la gestion, et que, dans l'espèce, il est
évident que la déclaration que le père fit en faveur de ses
deux fils, lors de l'adjudication, n'était point la conséquence d'une affaire commencée qui pût être l'objet de
son intervention... »

Généralement, on donne la même qualification au gérant d'affaires, que le quasi contrat soit parfait par lui-
même, ou qu'il ne se forme que par la ratification.

Mais pour mettre plus de clarté dans notre matière, à
l'exemple de MM. Delamarre et le Poitvin, nous appellerons *negotiorum susceptor* celui qui aura dépassé les pouvoirs d'administrateur du gérant d'affaires, ou qui aura
fait pour un tiers, une opération ne se rattachant pas à
une affaire gérée.

La position d'un *negotiorum susceptor* est à peu près
semblable à celle d'un mandataire général, qui a fait, sans
mandat exprès, des actes dépassant les pouvoirs d'un
administrateur.

Ces actes sont vis-à-vis du maître *res inter alios actas*,
jusqu'au moment où il les ratifie. C'est donc la ratification
dont il est parlé dans l'art. 1998 que nous appliquons au
cas de *negotiorum susceptio* ; et cette ratification n'a rien
de commun avec celle de l'art. 1338, qui n'intervient pas

pour faire naître des engagements inexistant en droit, mais seulement pour valider définitivement des conventions annulables.

Dire que la ratification exigée pour que le *dominus* soit tenu est celle de l'art. 1998, c'est dire qu'elle peut être expresse ou tacite. Dans le cas où le maître aurait accepté dans le compte de gestion des aliénations ou des acquisitions dépassant les pouvoirs du gérant, cette acceptation serait, pensons-nous, une ratification suffisante. Puisque la ratification peut être tacite, la preuve testimoniale sera admise pour l'établir, car, le plus souvent, il n'y aura pas possibilité de produire une preuve écrite.

Les art. 1370-1375, ne parlant que des cas de gestion d'affaires proprement dite, nous devons chercher ailleurs des dispositions concernant les *negotiorum susceptores*. Ce sont les articles 1119 à 1121 qui nous paraissent s'appliquer à notre matière :

« 1119. On ne peut en général s'engager ni stipuler en
» son propre nom que pour soi-même.

» 1120. Néanmoins on peut se porter fort pour un tiers
» en promettant le fait de celui-ci, sauf l'indemnité contre
» celui qui s'est porté fort, ou qui a promis de faire rati-
» fier, si le tiers refuse de tenir l'engagement.

» 1121. On peut pareillement stipuler au profit d'un
» tiers, lorsque telle est la condition d'une stipulation
» que l'on fait pour soi-même ou d'une donation que l'on
» a fait à un autre. Celui qui a fait cette stipulation ne
» peut plus la révoquer, si le tiers a déclaré vouloir en
» profiter. »

Il n'entre pas dans le cadre que nous nous sommes tracé de nous étendre sur la théorie de ces trois articles. Nous devons remarquer seulement que le législateur a voulu, en les édictant, consacrer la règle, qu'on ne peut demander l'exécution d'une obligation qu'à la condition d'y être intéressé. Nous voyons, en effet, que les articles précités admettent les stipulations et les obligations faites en son propre nom et pour autrui, dans tous les cas où il y a un intérêt pour le contractant dans la validité de ces actes.

D'un autre côté, il est certain que les stipulations et les obligations faites au nom et pour le compte d'autrui sont valables, à la condition de leur utilité seule, si elles sont faites par un gérant qui n'est pas sorti de ses pouvoirs d'administrateur, et à la condition d'être ratifiées par le maître dans le cas contraire.

Ainsi, en dehors des cas de gestion d'affaires proprement dite, les actions du quasi contrat prendront naissance entre un *negotiorum susceptor* et un maître, lorsque celui-ci aura ratifié : soit une stipulation faite en son nom par le gérant, ou faite pour lui, mais au nom du gérant, sous les conditions de l'art. 1121 ; soit une obligation contractée en son nom par le gérant, ou contractée par le gérant qui s'est engagé à la lui faire exécuter.

Dans ces cas, la ratification du maître, en vertu du principe que la *ratification équivaut au mandat*, rétroagira au jour de l'acte ratifié, relativement aux parties, c'est-à-dire au gérant, à celui qui a contracté avec lui et au maître.

Ainsi le maître qui ratifie une opération de son *negotiorum susceptor*, doit lui tenir compte de l'intérêt des sommes déboursées pour cette affaire, à partir du jour où elles ont été dépensées.

Si tous les auteurs sont d'accord sur le principe de la rétroactivité du maître, *inter partes*, il y a divergence d'opinions, quand on en vient à rechercher l'influence de cette ratification sur les droits des tiers. Ces droits, sur lesquels nous voudrions établir que la ratification du maître n'a pas d'influence, sont les droits réels, stipulés par un tiers, dans l'intervalle qui a séparé le contrat fait par le *negotiorum susceptor* de sa ratification par le maître, en tant qu'ils sont établis sur la chose même qui a fait l'objet de ce contrat.

Le tiers qui a ainsi stipulé des droits réels, a traité soit avec le maître, soit avec le gérant, soit enfin avec la personne qui a été partie au contrat qui vient à être ratifié; nous appellerons celle-ci la partie contractante.

Examinons en particulier chacune de ces trois hypothèses.

1° Les tiers ont traité avec le maître.

Dans ce cas, tout le monde est d'accord pour reconnaître que la ratification du maître n'a aucun effet rétroactif sur les droits réels des tiers.

Supposons qu'un *negotiorum susceptor* a vendu un immeuble appartenant à autrui. Postérieurement à ce contrat, le propriétaire de l'immeuble l'a vendu lui-même à un autre acquéreur. Il est de toute évidence que ce propriétaire ne pourrait pas plus tard, en ratifiant la vente faite par le gérant, anéantir les droits qu'il a concédés lui-même à l'acquéreur; en effet, au moment où il a fait la vente, ou bien il connaissait l'acte du gérant, ou bien il l'ignorait. S'il le connaissait, en disposant de sa chose il a manifesté de la manière la plus certaine et la plus irrévocable sa volonté de refuser toute ratification; s'il ne le connaissait pas, rien n'avait diminué ses droits de propriétaire; il a agi dans le plein exercice de ces droits, l'aliénation qu'il a consentie est parfaitement valable, et il ne peut pas la réduire à néant, en ratifiant la vente faite par le gérant.

2° Les tiers ont traité avec le gérant.

Dans ce cas, la question de la rétroactivité de la ratification ne peut pas se poser; car les tiers ne peuvent avoir acquis aucun droit. Il faut supposer qu'un gérant a

acheté un immeuble au nom et pour le compte du maître ;
plus tard il a vendu cet immeuble à un tiers, ou bien a
concédé à celui-ci un démembrement de la propriété. Cette
vente et cette concession de droits réels sont radicalement
nulles ; le gérant ayant traité au nom du maître n'a pas
de droits sur l'objet de la vente, et ne peut pas, par conséquent, en concéder.

3° Les tiers ont traité avec la partie contractante.

La personne qui a traité avec un *negotiorum susceptor*
stipulant pour le maître a pu concéder à un tiers des
droits réels sur l'objet stipulé, et on se demande ce
que deviendront ces droits, après la ratification du maître ?
Ainsi Pierre, après avoir vendu le fonds Cornélien à mon
gérant qui stipulait pour moi, le vend une seconde fois à
Paul. Pourrai-je, en ratifiant la première vente, annuler
la seconde ? Contrairement au système de M. Labbé, et
suivant l'opinion de la majorité des auteurs, nous ne pensons pas que la ratification ait les mêmes effets qu'une
condition, et que, par suite, elle rétroagisse au jour du
contrat. La première vente ne doit pas être regardée
comme faite sous la condition que le maître accordera sa ratification. Ainsi, dans notre hypothèse, tant que ma ratification n'est pas intervenue, il n'y a rien de fait ; les droits
de Pierre sur sa chose restent entiers ; il peut en dispo-
ser comme il l'entend, et s'il le fait au profit de Paul, je
ne pourrai, en aucune façon, porter atteinte aux droits
réels de ce dernier, en ratifiant la première vente faite en
ma faveur.

Nous devons observer que nous ne venons de parler
absolument que de droits réels, et que ce que nous avons
dit n'empêche pas qu'il y ait lieu souvent, dans ces hypothèses, à des obligations personnelles. Ceux qui, au mépris
d'une convention, disposeraient d'objets qu'ils auraient promis, pourraient être, selon les circonstances, obligés de
payer des indemnités.

POSITIONS

DROIT ROMAIN.

I. L'action *negotiorum gestorum* est une action civile.

II. Pour qu'il y ait lieu à l'action *neg. gest. contraria* proprement dite, il faut que le gérant ait eu l'intention d'obliger une personne déterminée; sans cette intention, on n'a qu'une action utile, même quand on s'est seulement trompé sur la personne du *dominus rei*.

III. L'obligation naturelle est prescriptible.

CODE CIVIL.

I. Le mandat tacite n'a pas été abrogé par notre Code civil.

II. Les règles ordinaires de l'incapacité sont applicables aux gérants d'affaires.

III. On peut se soumettre sous condition à un régime matrimonial.

IV. Dans les cas où les futurs conjoints, en adoptant sous condition le régime de la communauté légale, ont négligé d'indiquer le régime auquel ils entendent se soumettre si la condition ne se réalise pas, c'est le régime exclusif de communauté des art. 1530-1535 qui devra être appliqué, le cas échéant.

DROIT COUTUMIER.

I. Le caractère déclaratif du partage dans notre droit coutumier provient de la nature de la saisine.

II. Le droit coutumier ne fait pas la même distinction que le droit romain entre la convention et le contrat.

III. Le serment n'était, dans notre vieux droit, qu'un moyen de preuve.

PROCÉDURE CIVILE.

I. Pour être arbitre, il faut jouir des droits civils et politiques.

II. Un juge du tribunal des parties peut être nommé arbitre.

III. Le procès-verbal de non-conciliation n'est pas atteint par la péremption.

DROIT COMMERCIAL.

I. Parmi les sociétés, les sociétés énumérées dans l'art. 19 du Code de com. ont seules les caractères de personnes légales.

II. La prescription quinquennale établie par l'art. 181 du C. de com. peut être opposée au mineur.

DROIT CRIMINEL.

I. Le crime commis par un mineur de 16 ans, dans le cas où la connaissance en est déférée à la juridiction correctionnelle, est soumis à la prescription de 3 ans relative aux délits.

II. L'action civile se prescrit toujours par le même laps de temps que l'action criminelle.

III. Le décès du mari n'éteint pas la poursuite en adultère dirigée, sur sa plainte, contre sa femme.

DROIT ADMINISTRATIF.

I. Lorsqu'un conseil municipal refuse d'intenter une action, le maire ne peut pas l'exercer.

II. Les travaux communaux, sous le rapport de la compétence, sont assimilés à ceux qui intéressent l'État.

Vu par le Président de la Thèse,

MASSOL.

Vu par le Doyen de la Faculté,

DUFOUR.

VU ET PERMIS D'IMPRIMER :
Pour le Recteur empêché, l'Inspecteur d'académie délégué,

VIDAL LABLACHE.

« Les visas exigés par les règlements sont une garantie des principes et des opinions relatifs à la religion, à l'ordre public et aux bonnes mœurs (statuts du 9 avril 1825, art. 41), mais non des opinions purement juridiques, dont la responsabilité est laissée aux candidats.

« Le candidat répondra, en outre, aux questions qui lui seront faites sur les autres matières de l'enseignement. »

TOULOUSE. — IMP. PRADEL, VIGUIER & Cⁱᵉ, RUE DES NATIONS.

Contraste insuffisant

NF Z 43-120-14